**Mathias Plüss
Weniger ist weniger**

Mathias Plüss

Weniger ist weniger

Klimafreundlich leben von A–Z
Illustrationen von Till Lauer

Echtzeit Verlag

Vorwort

Das Leben ist kompliziert. Unablässig verlangt es uns Entscheidungen ab: Soll ich online einkaufen oder im Laden? Was ist ökologischer, den Film im Fernsehen schauen oder auf dem Tablet? Greife ich besser zur konventionellen Tomate aus der Region oder zur Biotomate aus Spanien? Zum Dosenbier oder zur Pfandflasche?

Wer sich in umweltbewussten Kreisen bewegt, kennt vermutlich diese Art von Fragen. Die Antworten sind oft kompliziert und hängen von den Umständen ab – darum lässt sich auch so trefflich darüber streiten. Dieses Büchlein versucht, ökologische Alltagsfragen möglichst konkret zu beantworten. Es will vor allem eines sein: praktische Lebenshilfe.

Wahrscheinlich ist dies auch das Geheimnis des Erfolgs dieses Textes. Er erschien erstmals 2019 als Sonderausgabe des Magazins des TAGES-ANZEIGERS. Die Reaktionen waren überwältigend – mehrere hundert Nachrichten erreichten mich allein per Mail, und der Strom reisst bis heute nicht ganz ab. Aus dem Zeitschriftenbeitrag resultierten eine Kolumne, ein SJW-Heft, ein BAFU-Projekt.

Und eben dieses Buch. Dafür habe ich den Text überarbeitet, aufdatiert und angereichert.

Seit 2019 ist ein neues globales Grossproblem aufgetaucht: die Pandemie. Es gab zahlreiche Versuche, die Corona- und die Klimakrise zu vergleichen – oft waren sie wenig produktiv. Wichtig scheint mir vor allem ein Unterschied: Corona wird uns nicht beliebig lange beschäftigen. Zwar dauert alles länger als erhofft und wir wissen nicht, welche Finten das Virus noch bereithält. Trotzdem wird die Pandemie eines nicht allzu fernen Tages zu Ende sein. Mit anderen Worten: Es gibt eine Zeit danach.

Nichts dergleichen ist beim Klima in Sicht. Die Erwärmung wird die Menschheit noch Jahrzehnte und Jahrhunderte beschäftigen. Das Grundproblem ist, dass CO_2 hundert Jahre und mehr in der Atmosphäre verweilt. Selbst wenn wir augenblicklich aufhörten, neue Klimagase in die Luft zu blasen, würden die Gletscher noch sehr lange schmelzen, sänke die Temperatur noch sehr lange nicht.

Das ist aber kein Grund zur Untätigkeit, im Gegenteil: Für die langfristigen Folgen ist es entscheidend, wie gross die Erwärmung ausfällt. Im

Falle eines fortgesetzten Temperaturanstiegs erreichen wir unweigerlich Kipppunkte, die unumkehrbare Prozesse auslösen, etwa das Abwürgen des Golfstroms oder die Totalschmelze des Grönlandeises. Beim zweiten ökologischen Grossproblem, der Biodiversitätskrise, ist die Unumkehrbarkeit noch augenfälliger: Wenn eine Art ausstirbt, ist sie definitiv weg. Umso dringlicher ist es, Gegensteuer zu geben. Davon ist aber noch wenig zu sehen.

Im Gegenteil, die Entwicklung des CO_2-Gehalts der Atmosphäre in den letzten 15 Jahren entspricht fast exakt dem Worst-Case-Szenario, das Wissenschaftler 2005 skizziert hatten. Der Lockdown hat zwar 2020 den globalen Klima-Fussabdruck erstmals spürbar verkleinert. Doch damit wir eine Chance auf Einhaltung des 1,5-Grad-Ziels hätten, müssten die Emissionen bis 2030 jedes Jahr im gleichen Mass zurückgehen wie 2020. Dass dies geschieht, ist äusserst unwahrscheinlich. Schon 2022 dürften die Emissionen wieder auf einem ähnlichen Stand sein wie vor Corona. Eine Trendwende ist nicht in Sicht, im Gegenteil: Erwartet wird jetzt ein Superboom.

Wenn wir von Corona eines lernen können, dann dies: Es wird ohne Verbote nicht gehen. Solange das Maskentragen nur eine Empfehlung war, fanden es die meisten zu umständlich und unbequem. Sobald es obligatorisch wurde, hielten sich die meisten daran. Man ist halt auch gewillter, wenn man sieht, dass die anderen auch müssen. Alles spricht dafür, bei Umweltproblemen analog vorzugehen: Dinge wie Ölheizungen, Benzinmotoren oder reine Betonbauten gehören mittelfristig verboten. Darunter muss niemand leiden, denn es gibt gleichwertige, umweltfreundlichere Alternativen.

Wenn Verbote so wirksam sind, warum dann dieses Buch mit lauter freiwilligen Massnahmen? Ich sehe dafür drei Gründe:

1. Damit Verbote funktionieren, müssen die Leute sie verstehen und akzeptieren. Auch das haben wir bei Corona gesehen: Bevor das Maskengebot kam, musste man zuerst falsche Vorstellungen aus den Köpfen vertreiben. Beim Klima- und Artenschwund-Thema geistern ebenfalls noch viele Fake News herum. So hat eine Umfrage in Deutschland gezeigt, dass die Leute das Vermeiden von Plastiksäcken für die wichtigste Massnahme gegen

den Klimawandel halten. Auch Plastikgeschirr-Verbote und Ähnliches stehen hoch im Kurs. Das ist beinahe schon tragisch, denn Plastik mag ein Problem sein, hat aber mit dem Klima herzlich wenig zu tun. Bei solchen Fragen will das vorliegende Büchlein aufklären. Ein zentrales Werkzeug sind dabei die Impact-Punkte von ● bis ●●●●●, die helfen sollen, die wesentlichen Probleme herauszuschälen und von den weniger wichtigen zu unterscheiden.

2. Die politischen Mühlen mahlen langsam. Privat aber kann jeder, der gewillt ist, sofort agieren. Jede Tonne CO_2, die heute nicht in die Luft geht, wird künftige Generationen nicht belasten. Das Problem ist derart dringend, dass wir alles brauchen: die freiwilligen Massnahmen, die politischen Rahmenbedingungen, den technischen Fortschritt, ja dereinst hoffentlich auch Methoden, die Treibhausgase der Atmosphäre wieder zu entziehen.

3. Ich hege eine gewisse Skepsis gegenüber der Vorstellung, wir könnten das Klimaproblem allein mit politisch-technischen Massnahmen überwinden. Was es braucht, ist eine neue Geistes-

haltung. Der Lösungsweg, den die meisten Akteure beschreiten wollen, beruht ja im Wesentlichen auf einem Austausch der Technologien: Elektroautos statt Benziner, Wärmepumpen statt Ölheizungen, Videokonferenzen statt Flüge. Man verstehe mich nicht falsch: Das sind alles sinnvolle Massnahmen, die für sich allein betrachtet fürs Klima sehr viel bringen. Das Problem ist, dass sich im Fahrwasser des technischen Fortschritts allzu oft Dinge abspielen, die den Umweltnutzen wieder zunichtemachen.

Nehmen wir etwa die Digitalisierung, die es ermöglicht, dass viele Menschen vermehrt im Home-Office arbeiten. Super Sache! Spart Fahrkilometer und Büroräume. Aber die Leute werden mittelfristig auch weiter weg von ihrem Arbeitsplatz ziehen, wenn sie nicht mehr jeden Tag hinmüssen. Sie werden grössere Häuser beanspruchen, da muss ja jetzt auch noch das Büro rein. Sie werden mehr Autos kaufen, denn sie wohnen ja nun etwas abgelegen. Das ist aber noch nicht alles: Die Leute haben dank der Effizienzsteigerung auch mehr Zeit. Zeit, die sie irgendwie füllen. Vielleicht legen sie sich einen Hund zu, pflegen ihre Weinsammlung oder beginnen zu kitesurfen. Mit anderen Worten: Sie konsumieren mehr.

All diese Dinge müssen nicht passieren. Aber sie passieren, die Erfahrung lehrt es. Einiges ist auch schon eingetreten, etwa der Run auf grössere Wohnungen und der Haustier-Boom während der Pandemie. Genau solche Prozesse sind dafür verantwortlich, dass der Ressourcenverbrauch der Menschheit seit Jahrzehnten ständig zunimmt, obwohl doch alles immer effizienter und umweltfreundlicher wird. (Mehr Informationen dazu gibt's unter dem Eintrag Rückpralleffekt ●●●●●.)

Der technologische Fortschritt allein, so meine Überzeugung, wird es nicht richten, solange das nötige Bewusstsein fehlt. Die Schweiz als Land ist dafür ein gutes Beispiel. Mit sehr viel technischem und finanziellem Aufwand haben wir es geschafft, den Treibhausgas-Ausstoss im Inland in den letzten dreissig Jahren um gerade mal 14 Prozent (Stand 2019) zu reduzieren.

Doch selbst dieser bescheidene Rückgang ist eine Augenwischerei. Denn ehrlicherweise müsste man auch die Emissionen berücksichtigen, die wegen uns im Ausland entstehen. Diese werden seltsamerweise meist ausgeblendet, obwohl sie viel umfangreicher sind als die inländischen. Die traurige Wahrheit ist: Während unser Fussabdruck im Inland kleiner wird, wächst er dafür im Ausland. Mittlerweile entstehen drei Viertel der Schweizer Umweltbelastung ennet der Grenze. Weil wir immer mehr Importgüter konsumieren. Weil wir energieintensive Prozesse auslagern. Weil wir immer mehr fliegen, oder zumindest bis Corona immer mehr geflogen sind.

Fair berechnet, ist der hiesige Klima-Fussabdruck pro Kopf in den letzten dreissig Jahren darum nicht geschrumpft, sondern vielmehr gewachsen. Global gehört die Schweiz punkto CO_2 pro Person sogar zu den schlimmsten Ländern – nur die Golfstaaten, Australien, Singapur und Hongkong, die USA und Kanada sowie Belgien und Luxemburg stehen noch schlechter da. Und daran wird sich so schnell nichts ändern.

Im Inland sind wirkungsvolle Massnahmen nach der Ablehnung des CO_2-Gesetzes auf absehbare Zeit blockiert. Dafür will die Schweiz nun ihr Engagement im Ausland verstärken. Das könnte eine gute Nachricht sein, ist aber, so wie es angepackt wird, womöglich sogar kontraproduktiv. Die Schweiz hat Verträge mit ärmeren Staaten abgeschlossen, um dort CO_2-Quellen auszumerzen. Mit unserem Geld werden dann etwa alte Öfen in Südamerika durch effizientere ersetzt – die Emissionsreduktion wird der Schweiz angerechnet.

Solche Projekte sind fürs Klima hochwillkommen. Zum Problem werden sie, wenn wir sie als Kompensation für unsere eigenen Emissionen betrachten. Kompensationszahlungen haben stets den Charakter eines Ablasshandels: Ich bezahle, damit ich bei mir nichts ändern muss. Kurzfristig mag das für das Klima einerlei sein. Aber langfristig nicht. Wir wollen doch bis 2050 CO_2-neutral sein. Global. Das heisst, bis 2050 müssen wir *beides* tun: die stinkenden Öfen austauschen *und* unseren klimaschädlichen Konsum eliminieren. Indem wir uns nun bevorzugt um die fremden Öfen kümmern, pflücken wir bloss die *low hanging fruits,* während wir den viel schwierigeren Part, den Umbau unserer Infrastruktur und den Wandel unseres Lebensstils, weiter hinausschieben. Obwohl uns die Zeit davonläuft.

Wie man es dreht und wendet: Das Grundproblem ist der gewaltige Ressourcen- und Energieverbrauch, der mit unserem immer weiter steigenden Konsum von Gütern und Dienstleistungen einhergeht. Wenn wir es ernst meinen mit dem Klimaschutz, dann kommen wir nicht umhin, uns ein wenig einzuschränken. Vielleicht auch ein wenig mehr als ein wenig.

Der Königsweg kann hier nur lauten: Verzicht. Mit den Fragen aus dem ersten Abschnitt dieses Vorworts habe ich Sie absichtlich ein wenig in die Irre geführt: In Wahrheit ist es praktisch egal, ob Sie das Bier aus der Flasche oder aus der Dose trinken. Für die Gesamtumweltbelastung macht das keinen grossen Unterschied. Wir sollten aufhören, derart viel Gehirnschmalz für Detailfragen aufzuwenden. Wenn Sie wirklich einen Beitrag zum Umweltschutz leisten wollen, heisst die Antwort nicht «Flasche» oder «Dose», sondern «eines weniger». Nicht «online» oder «Laden», sondern öfter mal «gar nicht».

Die gute Nachricht lautet darum: Es ist gar nicht so kompliziert. Es ist sogar sehr einfach. Die schlechte Nachricht: Dafür ist es anstrengend. Das

Zauberwort heisst «weniger». Weniger Konsum. Weniger Fleisch, weniger Milch. Weniger bauen. Weniger Autos, weniger fliegen, weniger heizen. Weniger Gift, weniger Ordnung. Weniger Haustiere, weniger Kinder.

An dieser Stelle der Diskussion folgt oft eine tröstliche Floskel à la «weniger ist mehr». Diesen Gefallen tue ich Ihnen nicht. Gewiss, manche werden an der Askese Gefallen finden, und den meisten würde ein bisschen weniger Konsum guttun. Aber wir sprechen hier von echtem Verzicht, und der tut richtig weh. Keine Angst, niemand wird hungern oder darben müssen, das nicht. Aber auf die eine oder andere Annehmlichkeit verzichten, das schon. Weniger ist weniger.

Praktischer Teil

Dieses Lexikon ist eine konkrete Anleitung zum Handeln – im Haushalt, im Verkehr, beim Reisen, beim Einkaufen. Die einzelnen Einträge sind mit Impact-Faktoren versehen: von ● bis ●●●●●. Fünf Punkte bedeuten: Hier können Sie sehr viel Einfluss nehmen. Ein Punkt bedeutet: Dieses Thema ist nicht ganz so wichtig oder Einzelpersonen können nicht viel ausrichten. Auswahl und Bewertung orientieren sich vor allem am Klimawandel und am Artenschwund, den beiden drängendsten Problemen.

Autofahren

Der Verkehr ist die grösste Quelle von Treibhausgasen in der Schweiz. Im Gegensatz zu anderen Bereichen (Industrie, Gebäude) hat hier der Ausstoss in den letzten Jahren kaum abgenommen. Nach dem Corona-Einbruch im Frühling 2020 war der Autoverkehr innert Wochen wieder auf dem alten Stand, während der öv weiter vor sich hindümpelt. Für viele Leute ist Autofahren derart selbstverständlich, dass sie sich nicht im Traum vorstellen können, je damit aufzuhören. Trotzdem: Versuchen Sie es. Machen Sie einen Anfang (Ziele setzen ●●●●). Am besten bei Routinefahrten – zur Arbeit, zum Einkaufen, ins Training, da schenkt es ein. Wer es schafft, mit dem öv oder mit dem Velo zu pendeln statt mit dem Auto, reduziert seinen gesamten Klimagasausstoss im Schnitt um zehn Prozent.

A

 **Autogrösse**

Die Schweizer lieben grosse, starke Autos. Die Modelle mit der kleinsten PS-Zahl werden bei uns gar nicht erst angeboten. In keinem anderen europäischen Land stossen die Neuwagen so viel CO_2 aus wie in der Schweiz. Unsere Autos werden von Jahr zu Jahr schwerer, der 4×4-Anteil ist auf Rekordniveau. Die Vorzüge solcher Grosskaliber kommen nur selten zum Tragen – vielleicht zwei-, dreimal im Jahr, wenn man ein Klavier kaufen will oder auf dem Weg in die Skiferien mit viel Gepäck eine schneebedeckte Strasse hochfährt. Für den Alltag hingegen sind diese Autos überdimensioniert und haben einen schlechten Wirkungsgrad, weil sie permanent unterfordert sind. Kaufen Sie darum ein leichtes Auto mit wenig PS: Es ist stark genug. In den wenigen Fällen, wo Sie wirklich ein grösseres brauchen, können Sie eines mieten. Insgesamt fährt man mit diesem Konzept nicht nur umweltfreundlicher, sondern auch deutlich billiger. Die ökologischsten Autos findet man mithilfe der Autoumweltliste des VCS oder dem Carculator des PSI.

A

Balkon

Auch wer in einem Block wohnt, kann etwas für die Insekten tun. In kleinerem Massstab lässt sich auf einem Balkon fast alles pflanzen, was auch im Garten wächst. Sie sorgen sich um die Bienen und haben darum ein Wildbienenhotel aufgestellt? Gut so. Aber sehen Sie zu, dass die Tiere auch etwas zu fressen haben. Taubenskabiose, Natternkopf, Esparsette, Wundklee und Glockenblumen sind bei Bienen besonders beliebt. Achten Sie darauf, dass möglichst von Frühling bis Herbst etwas blüht – aber verzichten Sie auf Geranien und Petunien. Sie sind ökologisch wertlos, denn man hat ihnen den Nektar weggezüchtet, damit sie länger blühen.

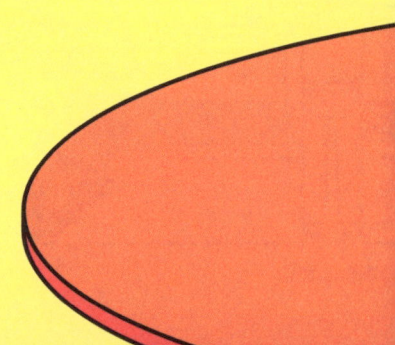

 **Bauen**

Es wird gebaut wie wild. Aus einem wirklich doofen Grund: weil die Zinsen so tief sind. Die Energiewende und die Corona-Wirtschaftsprogramme befeuern den Boom noch mehr. Global soll sich die Zahl der Gebäude bis 2060 verdoppeln. Das bedeutet: eine zusätzliche Stadt New York jeden Monat. Das treibt nicht nur die Zersiedelung voran, sondern auch den Klimawandel.

Die Emissionen der Bauindustrie sind ein vernachlässigtes Thema: Allein die Zement-, Stahl- und Eisenproduktion verursacht etwa 15 Prozent des globalen CO_2-Ausstosses. Selbst ein Passivhaus bringt in der Gesamtbilanz nicht so viel, wenn der Bau sehr energieintensiv ist. Bevor Sie also dazu ansetzen, ein Haus zu bauen, überlegen Sie bitte: Muss es wirklich sein? Können Sie nicht eine der vielen leer stehenden Neubauten kaufen? Oder ein altes Haus sanft renovieren?

Wenn es wirklich sein muss: Durch eine geschickte Wahl der Materialien und der Konstruktion lässt sich extrem viel graue Energie sparen. Holz (●●●) etwa kann vielerorts den Beton ersetzen und speichert erst noch CO_2. Bauen Sie leicht und kompakt, erwägen Sie die Nutzung von alten Bauteilen und Recycling-Material, achten Sie auf die Wiederverwertbarkeit Ihres Baus. Verlangen Sie, wenn Sie Offerten einholen, eine Berechnung des gesamten CO_2-Verbrauchs, einschliesslich der Materialproduktion. Oder orientieren Sie sich an einem zertifizierten Standard: Minergie-Eco minimiert sowohl die Klimawirkung des Baus als auch den Energieverbrauch des Hauses im Betrieb. Wenn man langfristig genug denkt, lohnt sich das auch von den Kosten her. Verzichten Sie aber tendenziell auf die bei Minergie vorgeschriebene Lüftungsanlage. Sie frisst viel Energie und hat sich nur bedingt bewährt.

 **Bäume**

Der Neubesitzer einer Liegenschaft legt als Erstes gern mal alle Bäume im Garten um. Sind ja schliesslich nicht seine. Bitte folgen Sie diesem Reflex nicht! Ein alter Baum ist viel mehr als ein Baum, er ist ein ganzes Ökosystem: Heerscharen von Vögeln und Insekten, Flechten und Pilzen leben davon. Nicht zuletzt speichert ein grosser Baum auch eine grosse Menge Kohlendioxid – eine hundertjährige Buche zu fällen ist fürs Klima gleich schlimm wie ein Retourflug nach Tokio. Umgekehrt ist das Pflanzen eines Baumes die einfachste und billigste Massnahme, der Atmosphäre CO_2 zu entziehen (Holz ●●●).

Begrünen

Fassaden und Dächer lassen sich begrünen. Das schafft Lebensraum und kühlt nebenbei gratis das Gebäude. Bringen Sie Nisthilfen an. Denken Sie auch bei Renovationen daran, die Fassade nicht zu Tode zu sanieren – Tiere brauchen Schlupfwinkel. Es gibt heute Lösungen, die tierfreundlich sind, ohne dadurch schlechter zu isolieren (●●●●●). Informationen findet man beim Projekt «Bauen und Tiere».

Bestatten

Das Kremieren ist etwas umweltfreundlicher als das Begraben. Es spart Platz, und manche problematische Stoffe können im Kamin herausgefiltert werden. Die Energie für die Verbrennung hingegen ist vernachlässigbar. Es sind ganz andere Dinge, die eine Bestattung unökologisch machen, etwa üppiger Blumenschmuck oder aufwändige Grabpflege. Verwenden Sie keine Blumen, die aus beheizten Gewächshäusern stammen oder per Flugzeug transportiert wurden (Schnittblumen ●), und bepflanzen Sie das Grab mit mehrjährigen Stauden. Ein Holzkreuz ist ökologischer als ein Grabstein, und beim Sarg setzt man am besten auf ein nachhaltig produziertes, nicht lackiertes Modell ohne Metallgriffe. Besser als ein Einzelgrab sind das Gemeinschaftsgrab, der Friedwald oder das Verstreuen der Asche. Neue, wirklich ökologische Verfahren sind in Entwicklung, etwa die rasche Verwandlung des Toten zu Komposterde.

Bier

Ist für die Umwelt deutlich besser als Wein (●●●). Denn Hopfen und Gerste brauchen weniger Spritzmittel als Reben. Betrachtet man aber nur den Klima-Fussabdruck und rechnet man nicht pro Liter Getränk, sondern pro Menge Alkohol, so liegen Bier und Wein beinahe gleichauf. Deutlich besser schneiden Spirituosen ab. Wer sich also unbedingt betrinken will, tut dies aus Klimasicht am besten mit Schnaps.

Achtung: Der eigentliche Konsum erzeugt meist nochmals fast gleich viele Klimagase wie die Produktion der Getränke. Dies liegt vor allem am energieintensiven Betrieb von Bars, Clubs und Restaurants. Darum kauft man sein Bier besser im Laden und trinkt es draussen oder zu Hause. Die vielgeschmähten Aludosen sind übrigens eine durchaus ökologische Verpackung (●), sofern man die leere Dose wirklich in den entsprechenden Recycling-Behälter schmeisst. Auch Drinks kann man sich selber mischen und dabei auf allerlei Schnickschnack (Plastikröhrchen, nichtsaisonale Früchte, Unmengen von Eiswürfeln) verzichten, den man an der Bar automatisch mitgeliefert bekommt.

Bio

Hier begeben wir uns auf ein ideologisches Minenfeld. Bio ist zweifellos sympathisch: Man giftet nicht, ist lieb zu den Tieren, düngt weniger. Würden alle unsere Bauern auf bio umstellen, wäre das ein Segen für das Land – wir hätten eine höhere Artenvielfalt auf den Feldern und weniger Gift und Gülle in den Gewässern. Nur: Weil die Erträge im biologischen Landbau kleiner sind als im konventionellen, müssten wir dann mehr Lebensmittel importieren. Für jeden Bauern, der auf bio umstellt, muss ein anderer irgendwo auf der Welt die Anbaufläche ausdehnen. Das reduziert den Naturraum und steigert den CO_2-Ausstoss. Der Super-GAU ist dann erreicht, wenn Moore entwässert (Torf ●●●) oder Wälder gerodet (Holz ●●●) werden, um die Landwirtschaftsfläche zu vergrössern.

Es gibt also zwei Betrachtungen: Pro Hektar gerechnet ist die biologische Landwirtschaft besser als die konventionelle. Pro Kilo Endprodukt aber ist Bio gesamtökologisch nur gleichwertig, in Sachen Klima sogar ein wenig schlechter als konventionell. Um aus diesem Dilemma herauszukommen, gibt es letztlich nur eine Lösung: massiv

weniger Fleisch (●●●●●) und weniger Milchprodukte (●●●●) essen. Dann sinkt der Flächenbedarf der Landwirtschaft, und es hat Platz für nachhaltige Anbauformen.

Bioplastik

Gibt es nicht. Was als Bioplastik verkauft wird, mag aus organischen Materialien hergestellt sein, aber in einer Gesamtbetrachtung ist es nicht ökologischer als Kunststoff. Zudem verrottet es nur zäh, weshalb Umweltorganisationen und Verwertungszentren von sich angeblich selbst zersetzenden Kompostsäcken abraten. Auch sogenannte Bio-Kaffeekapseln bringen keine ökologischen Vorteile und gehören nicht auf den Kompost.

Bücher

Für Vielleser lohnt sich die Anschaffung eines E-Readers, denn dieser verbraucht sehr wenig Energie. Ungefähr ab dem zwanzigsten Buch, das man deswegen nicht auf Papier liest, kippt die Bilanz ins Positive. Wenn Sie doch lieber analog lesen: Verschenken Sie die Bücher nach Gebrauch. Oder nutzen Sie eine Bibliothek.

Diesel

Der Skandal in der deutschen Autoindustrie hat seine Verkäufe einbrechen lassen. Schade, denn der Diesel ist besser als sein Ruf. Um das zu verstehen, muss man wissen, dass Abgase und Klimagase nicht dasselbe sind. Abgase verpesten die Luft, Klimagase heizen die Atmosphäre auf. Beim Autoantrieb sind die beiden Gase leider Gegenspieler: Wer den Motor auf Klimafreundlichkeit optimiert, bekommt dafür viele Abgase. Und umgekehrt.

Wenn nun die Autokäufer in Scharen vom Diesel zum Benziner wechseln, ist das zwar gut für die Luft, aber schlecht fürs Klima. Denn der Dieselmotor produziert weniger Kohlendioxid als der Benzinmotor. Der Klimawandel ist aber eindeutig das grössere der beiden Probleme – die Luft ist in den letzten Jahren ohnehin schon deutlich sauberer geworden. Die Abkehr vom Diesel ist, zusammen mit dem SUV-Boom (Autogrösse ●●●●), verantwortlich dafür, dass die Neuwagen in den Jahren vor Corona wieder klimafeindlicher geworden sind.

Wer also trotz gegenteiliger Empfehlung (Motor ●●●●) unbedingt ein herkömmliches Auto will, soll einen Diesel zumindest in Erwägung ziehen.

D

Bitte auf die richtige Norm (Euro 6d-TEMP-EVAP-ISC) achten, dann ist auch das Abgasproblem weitgehend vom Tisch. Für den reinen Stadtgebrauch ist der Diesel sicher der falsche Antrieb, weil ohne regelmässige Autobahnfahrten der Partikelfilter nicht richtig funktioniert. Auch kommt der Klimavorteil des Diesels eher bei Vielfahrern mit grossen Autos zum Tragen.

Wer noch ein altes Dieselauto hat, für den gilt folgende Faustregel: Mit Fahrzeugen der Norm Euro 6c oder älter bitte möglichst selten in die Stadt fahren. Und mit Fahrzeugen ohne Partikelfilter bitte möglichst gar nicht mehr fahren.

D

Drogen

Gelten ausgerechnet im urban-alternativen Milieu als schick, wo sonst jede Umweltsünde sofort geahndet wird. Ein Widerspruch, denn es gibt, vielleicht mit Ausnahme von selbstgepflückten Zauberpilzen, keine umweltfreundlichen Drogen – weder legale (Rauchen ●●, Wein ●●●, Bier ●●, Kaffee ●●●) noch illegale. Der Schlafmohnanbau für Heroin verschmutzt das Grundwasser in Afghanistan. Auch die Crystal-Meth-Herstellung verseucht Böden und Wasser. Aus der Ecstasy-Produktion entstehen problematische Chemieabfälle – die holländische Polizei räumt fast täglich eine illegale Giftmülldeponie. Koks bedroht die Wälder Südamerikas und Südostasiens: Jedes Gramm Kokain zerstört vier Quadratmeter Regenwald. Auch im Land des Konsums ist es schädlich – die Rückstände im Urin sind eine Gefahr für Wasserlebewesen.

Selbst Cannabis ist aus Umweltsicht problematisch. Die Indoor-Produktion braucht viel Energie: Laut einer amerikanischen Studie aus dem Jahr 2012 hat ein einziger Joint die gleiche Klimawirkung wie 37 Kilometer Autofahren. Für die Outdoor-Produktion, die in Kalifornien boomt, werden Hunderte von Schneisen in unberührte Naturgebiete geschlagen. Diese Auswirkungen könnten allerdings eingedämmt werden durch eine gänzliche Legalisierung und den dadurch ermöglichten kontrollierten Anbau. Ausserdem hat Hanf ein Potenzial für die umweltfreundliche Herstellung von Textilien, Medizin und Baumaterial.

D

Duschen

Alles, was mit Wärme zu tun hat, frisst viel Energie. In unseren Haushalten gehen 14 Prozent der Energie für das Warmwasser drauf – da lohnt es sich, zu sparen. Duschen Sie kurz und nicht zu heiss, montieren Sie eine Sparbrause, das halbiert den Energieverbrauch. Unbedingt abzuraten, sowohl ökologisch als auch dermatologisch, ist von der offenbar zunehmenden Tendenz, zweimal täglich zu duschen. Selbst die tägliche Dusche ist keineswegs obligat, wenn man nicht gerade in einer Kohlenmine arbeitet. Probieren Sie in den Ferien aus, wie lange es ohne geht.

Trotz allem ist eine Dusche immer noch viel besser als ein Vollbad, es sei denn, man tunke eine vierköpfige Kinderschar ins gleiche Badewasser. Ein Bad lässt man sich ja meist nicht aus hygienischen Gründen ein, sondern aus einem Bedürfnis nach Wärme und Wohligkeit. Vielleicht liesse sich dieses auch energiesparend mit einer Bettflasche und einer flauschigen Decke befriedigen?

E-Bike

Das Elektrovelo wäre eigentlich ein tolles Gefährt. Nämlich dann, wenn es Autos und Töffs ersetzen würde. Was leider nur selten vorkommt. Oder kennen Sie jemanden, der seinen Mercedes gegen ein E-Bike getauscht hat? Eben. So steht denn das Elektrovelo prototypisch für so viele angeblich grüne Produkte: Es ist ein Konsumgut, das zu all jenen hinkommt, die wir schon haben.

Der gegenwärtige Bike-Boom hat in erster Linie zur Folge, dass nun auch noch in den abgelegensten Regionen das Wild aufgescheucht wird (Outdoor ●●●). Mag sein, dass wegen Corona auch Pendler aufs Elektrovelo umgestiegen sind – aber nicht vom Auto, sondern vom öv. So nachvollziehbar dies ist: Ökologisch ist es ein Minusgeschäft, denn pro gefahrenem Kilometer belastet das E-Bike die Umwelt mehr als ein Eisenbahnpassagier. Ähnlich ist es übrigens mit dem neusten Schrei am Mobilitätshimmel, dem E-Scooter, der wohl kaum wie behauptet das Taxi ersetzen wird, sondern eher Fussgänger anlockt. Fazit: Gehen Sie zu Fuss, benutzen Sie ein gewöhnliches Tretvelo. Solange Sie dafür fit genug sind.

E

Einkommen

Der Mensch empfindet sich als rationales, von Überzeugungen geleitetes Wesen. In Wahrheit folgen wir oft genug Gesetzen, von denen wir nicht einmal ahnen, dass sie existieren. So lässt sich auch der «Green Gap» erklären: die unübersehbare Diskrepanz zwischen grünem Denken und grünem Handeln. Nichts illustriert dies deutlicher als eine Umfrage in Deutschland vor ein paar Jahren, die ergab, dass ausgerechnet die Anhängerinnen und Anhänger der Grünen am meisten fliegen. Die Erklärung: Grünen-Wähler sind reicher als der Durchschnitt, und Reiche fliegen häufiger. Schlicht, weil sie es sich leisten können. Dieses Gesetz ist stärker als jede Gesinnung.

Den Zusammenhang zwischen Einkommen und Klimagas-Ausstoss findet man überall: In der Schweiz fliegen Personen mit einem Haushaltseinkommen über 12 000 Franken fünfmal so viel wie Leute mit einem Haushaltseinkommen unter 4000 Franken. Insgesamt verursachen die bestverdienenden zehn Prozent der Schweizerinnen und Schweizer fast doppelt so viele Treibhausgase wie die zehn Prozent der am schlechtesten verdienenden. Global hat das reichste halbe Prozent einen Anteil von knapp 14 Prozent an allen konsumbedingten CO_2-Emissionen. Ein Prozent der Menschheit erzeugt fünfzig Prozent der Klimawirkung des Fliegens. Auch der Foodwaste (●●●●) verschlimmert sich mit zunehmendem Einkommen.

Wer diese Zusammenhänge kennt, kann auch etwas dagegen unternehmen. Erwägen Sie zum Beispiel, einen Tag weniger pro Woche zu arbeiten, wenn es die Finanzen und die Firma erlauben. So überlisten Sie sich selbst zu einem ökologischeren Verhalten: Sie werden zwanzig Prozent weniger konsumieren als bisher – und gewinnen dabei erst noch Lebenszeit. Die Stressreduktion setzt ausserdem körperliche und geistige Ressourcen frei, die Sie gut gebrauchen können, um Ihr Leben ökologischer zu gestalten.

E

Fahrverhalten

Bremsen vernichtet Energie. Und erzeugt Feinstaub durch Abrieb. Darum lautet der wichtigste Rat für ökologischeres Chauffieren: Bremsmanöver vermeiden. Halten Sie Abstand, fahren Sie vorausschauend, nehmen Sie den Schwung mit. Anders formuliert: Fahren sie mit dem Auto so wie mit dem Fahrrad. Denn Velofahrer, die für jeden Pedaltritt die Energie selber aufbringen müssen, verhalten sich automatisch so, dass sie selten bremsen müssen.

Auf der Autobahn empfiehlt es sich, die Höchstgeschwindigkeit nicht immer auszureizen. Fährt man mit 100 statt mit 120 km/h, spart man viel Benzin, denn der Luftwiderstand ist kleiner. Und es fällt einem leichter, die Geschwindigkeit konstant zu halten.

F

Fastfood

Im Prinzip ist Fastfood nicht unökologischer als anderes Essen. Aber im Take-Away-Bereich agieren wir häufig kopflos, mehr noch als in der herkömmlichen Gastronomie (●●●●): Wir bestellen rasch und achten kaum auf die Umweltbilanz der Speisen. Es ist ja auch nicht leicht, im hektischen Betrieb etwa die Herkunft der Zutaten zu überprüfen. Zudem führen die oft grossen Portionen zu Foodwaste (●●●●) oder, gerade beim Schnellverzehr, zu Überessen, was letztlich auch eine Form von Foodwaste ist.

Manche Fast-Food-Ketten haben sich in den letzten Jahren bemüht, nachhaltiger zu werden. So gibt es mittlerweile vielerorts wiederverwendbare Food-Boxen. Gute Sache! Sie ändert jedoch nichts daran, dass ein Produkt wie ein Hamburger (Rindfleisch!) oder Pommes Frites (Tiefkühlung! Fett!) niemals umweltfreundlich sein wird. Auch das boomende Frisch-Fastfood ist mit grossem Energieaufwand verbunden: Für einen einfachen Fruchtsalat, der erst noch rasch verdirbt, braucht es viel Transport, Kühlung, Verpackung – wie viel ökologischer ist es doch, einen Apfel von zu Hause mitzunehmen. Auch ein selbstgemachtes Sandwich ist eine gute Idee: Sein Klima-Fussabdruck ist um etwa ein Drittel kleiner als derjenige eines gekauften Sandwiches.

Fernbus

Gewiss: Die Eisenbahn ist ökologisch meilenweit besser als das Auto oder das Flugzeug. Dennoch ist sie nicht immer erste Wahl. Wer in der Schweiz oder in Frankreich Ferien macht, wo der Strom CO_2-arm produziert wird, nimmt tatsächlich am besten den Zug. Für Reisen nach Deutschland oder Polen hingegen, wo viele Strecken nicht elektrifiziert sind und der Strom teilweise aus Kohlekraftwerken kommt, haben Fernbus und Car eine leicht bessere Klimabilanz. Man lasse sich nicht irritieren durch die Behauptung der Deutschen Bahn, sie fahre im Fernverkehr zu hundert Prozent mit Ökostrom: Das ist ein reiner PR-Gag. Die DB hat immer noch eine Menge Dreckstrom in ihrem Stromnetz. Sie weist ihn einfach formell dem Regionalverkehr zu, damit der ICE eine reine Weste hat. Für die Umwelt ist mit dieser Schönrechnerei nichts gewonnen.

   Fisch

Kürzestform der Geschichte des Speisefischs der letzten fünfzig Jahre: Der Pro-Kopf-Konsum hat sich verdoppelt, die Populationen haben sich halbiert. Im grossen Stil sind auch Fischzuchten ökologisch problematisch. Selbst auf Labels ist nicht immer Verlass. Wie man es auch dreht und wendet, mehr als zweimal Fisch pro Monat gibt die Welt nicht her. Am besten greift man zu einheimischen Arten oder zu Zuchtkarpfen.

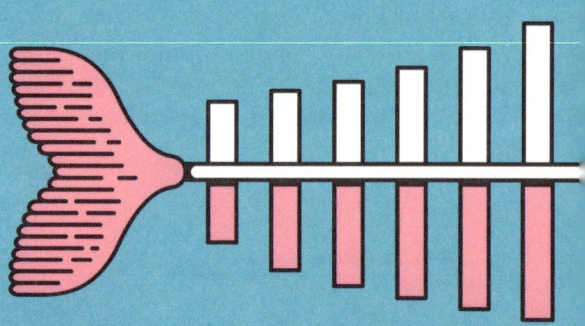

F

   Fleisch

Fleisch ist nicht böse an sich. Es ist als Nahrungsmittel nur sehr ineffizient. Tiere stehen in der Nahrungskette weiter oben als Pflanzen. Damit wir ein Tier essen können, muss dieses sehr viele Pflanzen gefressen haben. Für ein Kilo Fleisch braucht es bis zu zwanzig Kilo Futter. Auch andere tierische Nahrungsmittel wie Milchprodukte (●●●●) und Eier haben eine schlechte Umweltbilanz. Darum ist der Ernährungs-Fussabdruck von Vegetariern um 24, von Veganern gar um 40 Prozent kleiner als jener von Fleischessern. Wir müssen aber nicht gleich alle zu Vegis werden. Zweimal Fleisch pro Woche liegt nach den Gesetzen der Nachhaltigkeit drin (Ziele setzen ●●●●).

Bei der Frage «Welches Fleisch?» wird es kompliziert. Die natürliche Antwort in der Schweiz wäre eigentlich «Rind». Kühe sind eine geniale Erfindung: Sie verwandeln Gras, das dem Menschen als Nahrungsmittel nicht zugänglich ist, in Milch und Fleisch. Und zwar auch auf Flächen, die für den Ackerbau zu steil oder zu hoch gelegen sind. Nebenbei schützen sie auch noch die Alpweiden vor Vergandung, was wichtig ist für die

Biodiversität. Doch es gibt ein Problem mit den Rindern: Beim Wiederkäuen stossen sie grosse Mengen an Methan aus, ein extrem wirksames Klimagas. Gemessen an der Umweltbelastung pro Kilo ist Rindfleisch so ziemlich das Schlechteste, was man überhaupt essen kann.

Es ist verzwickt, und eine einfache Lösung gibt es nicht. Fleisch von Lamm und Ziege ist kein Ersatz, denn auch diese Tiere emittieren viel Methan. Vielleicht lässt sich das Rülps-Problem dereinst mit Futterzusätzen beheben. Vorläufig aber gilt folgende Faustregel: Wenn Sie es wirklich schaffen, auf zweimal Fleisch pro Woche runterzukommen, dann greifen Sie zu Rind oder Lamm aus Weidehaltung. Wenn Sie hingegen wissen, dass Sie vom Fleisch nicht lassen können, dann bleiben Sie besser beim Schwein oder Huhn aus der Intensivhaltung – es richtet zumindest punkto Klima weniger Schaden an. Eine echte Alternative ist Wild aus kontrollierter Jagd: Es ist weder punkto Klima noch punkto Tierschutz bedenklich. Und für die Regeneration des Waldes ist es sogar positiv, wenn sich dort ein bisschen weniger Rehe und Hirsche tummeln.

F

 **Flicken**

Wird noch zu wenig kultiviert. Lassen Sie Ihr Gerät auch dann reparieren, wenn Ihnen der Händler sagt, das lohne sich nicht mehr. Für die Umwelt lohnt es sich nämlich schon, bloss für den Händler nicht (Lebensdauer ●●●●). Flickläden, Smartphonedoktoren und Schuhmacher sind höchst sinnvolle Institutionen. Ebenso Repair-Cafés, wo sich pensionierte Berufsleute mit viel Ehrgeiz und Fachwissen darum bemühen, kaputte Laptops und Nähmaschinen wieder zum Laufen zu bringen. Wer selber Hand anlegen will, findet bei IFIXIT Tausende von Anleitungen. Leider lassen sich viele Geräte kaum öffnen, geschweige denn flicken – achten Sie darum möglichst schon beim Kauf auf die Reparierbarkeit.

F

Fliegen

Im Flugverhalten manifestiert sich der Irrsinn unserer Zeit in seiner reinsten Form.

Fliegen ist unglaublich schädlich. Jeder Retourflug über den Atlantik lässt pro Passagier fünfzig Tonnen Gletschereis schmelzen.

Wohnen, heizen, essen müssen wir. Fliegen müssen wir nicht. 86 Prozent der Flüge von Schweizerinnen und Schweizern sind Privatreisen – sie geschehen also mehrheitlich zu unserem Vergnügen. In keinem anderen Gebiet liesse sich ebenso schmerzlos ebenso viel einsparen wie beim Fliegen.

In der Schweiz ist der Anteil des Fliegens am Klimawandel enorm hoch – er beträgt etwa 20 Prozent. Es geht dabei nicht nur um das CO_2: Die Kondensstreifen der Flugzeuge mindern die Wärmeabstrahlung der Erde und verstärken so die Erhitzung.

Fliegen lässt sich nicht mit grünem Lifestyle wettmachen. Selbst wer in einer Höhle lebt und nur selbst geflochtene Bastkleider trägt, hat eine schlechte Klimabilanz, wenn er dafür um die Welt jettet. Um nur schon einen einzigen Retourflug nach Madrid auszugleichen, muss man beispielsweise ein ganzes Jahr auf Fleisch verzichten.

Anders als Autos lassen sich Flugzeuge nicht elektrifizieren, jedenfalls nicht für den massentauglichen Betrieb. Auch das klimafreundliche, künstliche Kerosin ist in weiter Ferne. Fliegen wird noch lange Jahre klimaschädlich bleiben.

Keine Frage, wir müssen aufhören damit (Ziele setzen ●●●●). Immerhin: Dank Corona ist der Flugverkehr 2020 drastisch zurückgegangen – erstmals nach vielen Jahren des Anstiegs. Wie nachhaltig dieser Rückgang ist, wird sich weisen. Die Gefahr ist real, dass wir schon in zwei, drei Jahren zurück bei den alten Zahlen sind.

Falls sich ein Flug partout nicht vermeiden lässt: Fliegen Sie Economy, so passen mehr Leute ins Flugzeug. Reisen Sie mit leichtem Gepäck, das gibt weniger Emissionen. Bevorzugen Sie Direktverbindungen, denn bei Start und Landung fallen am meisten Klimagase an.

F

Foodwaste

Üble Sache. Jeder und jede von uns wirft wöchentlich zwei Kilo Lebensmittel weg. Sie nicht? Führen Sie eine Zeit lang ein Abfalltagebuch, das öffnet die Augen. Auch ein verfaulter Apfel, den wir auf den Kompost schmeissen, ist Foodwaste, denn er hat Transportenergie, Dünger und allenfalls Spritzmittel verbraucht – es sei denn, er stammt aus dem eigenen Garten.

Wichtig und oft vergessen: die Resten, die wir auf dem Teller zurücklassen. Kultivieren Sie den Doggybag! Kein Wirt, kein Gastgeber wird es Ihnen übel nehmen, wenn Sie sich etwas einpacken, im Gegenteil. Gewöhnen Sie sich an, selber einen geeigneten Behälter mitzunehmen, wenn Sie eine schwache Esserin sind – man will ja nicht jedes Mal den Kellner bemühen. Wählen Sie am Buffet einen kleinen Teller und laden Sie nicht zu viel auf. Übrigens: Im Restaurant zu reservieren und nicht zu erscheinen ist nicht nur unfein – solche «No-Shows» führen auch zu Überschüssen und damit zu Foodwaste.

Ein paar Tipps für zu Hause und im Laden: Die alten Lebensmittel im Kühlschrank nach vorne stellen, die neuen nach hinten. Sich auf die Nase verlassen statt auf das Ablaufdatum. Sich ein Repertoire an Restenrezepten zulegen (Nudelsalat, Fotzelschnitten, Ofenguck). Aus Rüstabfällen Bouillon machen. Statt einzukaufen: alle Zutaten, die man noch im Kühlschrank findet, zusammen mit dem Stichwort «Rezept» googeln, es kommt meist etwas Sinnvolles heraus. Wenn man trotzdem einkaufen geht: eine Liste machen. Mit vollem Magen losziehen, dann kauft man weniger – weniger Lebensmittel, aber erstaunlicherweise auch weniger andere Waren. Kleine Packungen kaufen, sich nicht von Aktionen verführen lassen (Schnäppchen ●●●●). Die Milch mit dem knappsten Verfalldatum nehmen, wenn man sie ohnehin bald aufbraucht. Die App «Too good to go» verwenden, welche Esswaren aus Läden und Gastrobetrieben anbietet, die sonst weggeschmissen würden.

F

Gärten

Sind für die Artenvielfalt unheimlich wichtig. Eine Untersuchung in Basel hat gezeigt: Selbst in isolierten Kleinstgärten leben erstaunlich viele Insekten. Die Vielfalt ist dabei umso grösser, je abwechslungsreicher der Garten ist. Bäume, Büsche, hohes und niedriges Gras, Steinmauern und Kiesflächen, Ast-, Laub- und Komposthaufen: Jedes Element ist ein Lebensraum für zusätzliche Arten. Vielfalt schafft Vielfalt! Bitte keinen Kirschlorbeer, keine Thuja und ähnliche Importgewächse setzen, denn unsere Vögel und Insekten stehen auf einheimisches Futter. Tipps für naturnahe Gärten bekommt man bei BIRDLIFE und PRO NATURA.

 **Gastronomie**

Es ist paradox: Viele Menschen achten sehr bewusst darauf, was sie einkaufen, bestellen aber im Restaurant oder am Imbissstand (Fastfood ●●), ohne viel nachzudenken. Dabei ist der Fussabdruck der Ausserhausverpflegung keineswegs kleiner als daheim: Etwa die Hälfte der Hauptmahlzeiten und auch die Hälfte des Fleisches konsumieren wir auswärts. Als während dem Lockdown 2020 die Restaurants geschlossen waren, sank automatisch der Fleischkonsum. Auch der Bio-Boom in dieser Zeit war fast ausschliesslich ein Effekt des vermehrten Selber-Kochens. Gewöhnen Sie sich an, in der Gastronomie die gleichen Massstäbe anzulegen wie im Laden. Die Massstäbe sind: wenig Fleisch (●●●●●) und wenig Milchprodukte (●●●●), keine Flugware, kein Gemüse aus geheizten Gewächshäusern, auf Region (●●) und Saison (●●●) achten. Lesen Sie das Kleingedruckte in der Speisekarte, fragen Sie im Zweifelsfall nach.

G

Geldanlagen

Mit ihren Geschäften im Ausland sind unsere Banken indirekt für ein Mehrfaches der CO_2-Menge verantwortlich, welche die Schweiz als Land insgesamt ausstösst. Achten Sie genau darauf, wie Sie Ihr Geld investieren – löchern sie Ihren Bankberater, fragen Sie nach sauberen Fonds. Achtung, manch einer hängt sich bloss ein grünes Mäntelchen um. Informieren Sie sich darum auch bei unabhängigen Stellen, studieren Sie das WWF-Bankenrating. Falls Sie nicht auf das Geld angewiesen sind: Mit Spenden an wohltätige Organisationen im Umweltbereich kann man sehr viel bewegen.

G

Gemüse

Trägt seinen Klima-Heiligenschein nicht ganz zu Recht. Für einen fairen Vergleich mit anderen Lebensmitteln müsste man nämlich nicht die Belastung pro Gramm, sondern pro Kalorie betrachten, denn schliesslich soll ein Nahrungsmittel auch nähren. Viele Gemüse liefern aber nur wenig Energie – von Kopfsalat und Gurken allein kann niemand leben. Berücksichtigt man die Kalorien, so schneidet das Gemüse sehr unterschiedlich ab: Zwiebeln, Karotten, Linsen, Sojabohnen und Kürbis haben eine gute Bilanz, während weniger nahrhafte Sorten wie Tomaten, Spinat, Salat oder Spargeln fürs Klima nicht besser sind als Käse (Milchprodukte ●●●●) oder Schweinefleisch (Fleisch ●●●●●). Das klimafreundlichste Nahrungsmittel überhaupt ist die sehr energiereiche Haselnuss. Auch Getreideflocken kommen gut weg, ebenso Kartoffeln und Teigwaren. Am Ende der Rangliste, auch in dieser kalorienbasierten Betrachtung, bleiben Lamm- und Rindfleisch.

Geräte

Fernseher und Kaffeemaschine richtig ausschalten: Stand-by frisst Strom. Am besten überall ausschaltbare Mehrfachsteckdosen montieren. Handy und Laptop am Nachmittag laden, dann ist die Chance grösser, dass der Strom aus erneuerbaren Quellen kommt. Nach dem Laden das Kabel aus der Steckdose ziehen. Geschirrspüler und Waschmaschine nachts laufen lassen, dann ist die Stromnachfrage am geringsten. Möglichst Geräte der besten Energieklasse kaufen – Orientierungshilfe geben TOPTEN und COMPARECO.

Viel wichtiger als all das wäre aber eigentlich, weniger Geräte zu kaufen und diese länger zu behalten (Lebensdauer ●●●●). Denn insbesondere bei Fernseher, Laptop oder Smartphone (●●) ist die Herstellung für die Ökobilanz viel wichtiger als die Nutzung. Bei Kühlschrank und Waschmaschine hingegen spielt die Nutzung eine wichtigere Rolle – da kann der Ersatz von älteren, energiefressenden Geräten sinnvoll sein.

Geschäftsreisen

Sie sind das kleinere Problem. Die meisten Flugreisen sind privater Natur (Fliegen ●●●●●), und die Zahl der Business-Flugtrips pro Person stagnierte schon vor Corona. Die Zeit des Lockdowns hat die Erfahrung gebracht, dass sich vieles per Zoom oder Skype erledigen lässt, und dies erst noch schneller und günstiger. Auf diese Vorteile wird ein auf Gewinn bedachtes Unternehmen auch nach Corona nicht einfach verzichten wollen. Und es gibt umweltbewussten Angestellten ein Argumentarium zur Hand, falls sie der Chef oder die Chefin doch einmal auf Reise schicken will.

Ganz wegfallen werden die beruflichen Flugreisen auch in Zukunft nicht. Für Wissenschaftler etwa ist es zumindest am Anfang der Karriere wichtig, ab und zu an internationalen Konferenzen in Fleisch und Blut zu erscheinen. Weil meist nur wenige Teilnehmer den grössten Teil der Flugmeilen absolvieren, liesse sich hier aber nur schon durch eine geschickte Wahl des Konferenzortes sehr viel CO_2 einsparen. Auch hybride Konferenzen an zwei oder drei Standorten gleichzeitig sind eine gute Idee. Zusätzliche Erleichterungen wird

G

die erweiterte Realität (Augmented Reality, AR) bringen. So ist absehbar, dass etwa Servicemonteure, die heute bis zu achtzig Prozent ihrer Zeit unterwegs sind, in Zukunft mit aufgesetzter AR-Brille aus der Ferne einem Mitarbeiter vor Ort Anweisungen geben, welche Handgriffe er an einer Maschine vornehmen soll.

Geschenke

Für Geschenke geben wir das Geld noch hemmungsloser aus als für uns selber. Denn Schenken macht Spass. Und niemand steht gern als Knauseri da. Man bedenke allerdings, dass auch bei diesem Thema «mehr» keineswegs automatisch «besser» bedeutet. So haben Studien ergeben, dass ein Zweitgeschenk nicht als Plus empfunden wird, sondern vielmehr das Hauptgeschenk entwertet. Ein Verzicht auf Geschenkorgien ist darum nicht nur für die Umwelt ein Mehrwert, sondern auch für den Beschenkten.

Was aber lässt sich tun, damit etwa ein Kindergeburtstag nicht in eine Materialschlacht ausartet? Eine gute Idee ist, wenn die Beteiligten untereinander abmachen, keine neuen Geschenke zu kaufen, sondern nur Occasionsware aus ihren meist üppigen Beständen mitzubringen. So wird der Spielzeugberg wenigstens nicht von Mal zu Mal noch grösser. Analog kann man an Weihnachten (●●) verfahren.

Ein paar weitere Schenk-Ratschläge: Lieber Selbstgemachtes als Gekauftes. Lieber Erlebnisse als Materielles. Lieber Furoshiki-Tücher als Geschenkpapier: Diese alte japanische Verpackungstechnik ist nicht nur ökologisch, sondern auch sehr elegant. Empfehlenswert sind schliesslich Spenden – insbesondere, wenn der oder die zu Beschenkende ohnehin schon alles hat. Bei PRO NATURA zum Beispiel kann man Spechte, Biber, Blumenwiesen oder Naturschutzgebiete unterstützen und bekommt dafür ein Zertifikat zum Verschenken.

G

 **Gift**

Verzichten Sie rund ums Haus und im Garten auf Gift. Es trägt zum Insektensterben bei, und viele Privatanwender dosieren es viel zu hoch. Übrigens: Auf versiegelten Flächen, etwa auf dem Sitzplatz und auf Wegen, ist die Anwendung von Herbiziden verboten – mit dem Regen landet das Zeug nämlich im nächsten Bach oder im Grundwasser. Für Alternativen zum Gift siehe die Aktion «Stopp der Giftzwerg».

● Grillieren

Am besten einen Gas- oder Elektrogrill benutzen. Wer unbedacht Holzkohle kauft, trägt mit grosser Wahrscheinlichkeit zur Zerstörung von Tropen- und osteuropäischen Urwäldern bei. 99 Prozent der Holzkohle wird importiert, die Herkunft ist oft zweifelhaft. Eine Analyse des WWF hat gezeigt, dass die Mehrheit der Holzkohle falsch deklariert ist und beinahe die Hälfte Tropenholz enthält.

Wer auf das rauchige Aroma von Kohle-Grilladen nicht verzichten will, hat zwei Möglichkeiten.

1. Beim Kauf der Holzkohle auf das waldfreundliche FSC-Label achten. Zwar ist auch FSC-Kohle nicht immer ganz koscher, aber sicher besser als undeklarierte Ware.

2. Auf ein Holzfeuer ausweichen. Bitte nur trockenes, lokales Holz verwenden, kein Papier und auch kein Kartongeschirr verbrennen. Sobald Rauch entsteht, wird das Feuer zu einer starken Feinstaubquelle (Holzöfen ●●).

Wie steht es um die Klimawirkung des Grillierens? Ein durchschnittlicher Grillabend mit acht Personen entspricht etwa einer Autofahrt von 120 Kilometern. Auch hier schneidet Holzkohle schlechter ab als Gas oder Elektro – die Unterschiede sind allerdings unbedeutend. Denn 95 Prozent der klimarelevanten Emissionen eines Grillabends stammen von der Produktion des Grillguts. Wer klimafreundlicher grillieren will, ersetzt zumindest einen Teil des Fleisches durch Gemüse und Pilze.

G

Haustiere

Sie bereiten viel Freude – brauchen aber auch Energie. Haustiere fressen, beanspruchen Lebensraum, müssen zum Tierarzt. Je grösser sie sind, desto höher die Umweltbelastung: Die jährlichen Umweltkosten eines Pferdes entsprechen einer Autofahrt von 23 000 Kilometern. Die Belastung steigt, wenn man oft an Turniere reist, und sinkt, wenn man einheimische Hobelspäne statt Stroh als Einstreu verwendet.

Ein durchschnittlicher Hund entspricht noch einer Autofahrt von 4000 Kilometern jährlich, wobei es entscheidend darauf ankommt, ihm keine Entrecôtes in den Fressnapf zu legen, sondern normales Hundefutter, das vorwiegend aus Schlachtabfällen besteht. Bitte in Wäldern und Naturschutzgebieten Hunde an die Leine nehmen (Outdoor ●●●). Eine einzelne Katze hat eine geringe Umweltbelastung – allerdings gibt es von ihnen so viele, dass sie insgesamt doch eine beträchtliche Wirkung haben. Katzen sind Raubtiere und erbeuten auch seltene Vögel und Reptilien. In der Nähe von Wäldern, Schutzgebieten und Naturgärten darum möglichst keine Freigängerkatzen halten

Heizen

Riesenfaktor. Siebzig Prozent des direkten Energieverbrauchs der Privathaushalte gehen aufs Konto des Heizens. Jedes bisschen, das Sie hier einsparen, zahlt sich aus. Es reicht, ein wenig am Regler zu drehen: Eine um ein Grad tiefere Raumtemperatur bedeutet sechs Prozent weniger Energieverbrauch. Nein, es ist kein Menschenrecht, im Winter im T-Shirt auf dem Sofa sitzen zu können. 20 Grad sind eine vernünftige Temperatur für das Wohnzimmer, vielleicht 21 im Bad. In der Küche genügen 18 Grad, im Schlafzimmer 17 und eine Bettmütze. Ziehen Sie das Pyjama im Bad an, wenn es Ihnen im Schlafzimmer dafür zu kalt ist. Verwenden Sie Zeitschaltuhren oder smarte Apps, um die Raumtemperatur in der Nacht und in den Ferien anzupassen – allenfalls auch tagsüber, wenn niemand zu Hause ist. Schliessen Sie nachts die Fensterläden. Bitte im Winter keine Fenster gekippt halten, stattdessen stosslüften. Das ist auch gegen Viren das richtige Rezept.

Was den richtigen Heizungstyp betrifft, so sind heute Wärmepumpen das Mittel der Wahl. Im Vergleich zu einer Ölheizung lassen sich damit gegen neunzig Prozent CO_2 einsparen. Richtig gerechnet, das heisst auf die ganze Lebensdauer, sind sie auch nicht teurer. Ausserdem sparen sie Platz, es braucht ja keinen Tank. Am effizientesten sind Erd- oder Wasser-Wärmepumpen – dafür sind Luft-Wärmepumpen günstiger bei der Installation. Wenn es sich nicht um einen Notfall handelt, das heisst, wenn Ihre alte Heizung noch funktioniert, ist es vernünftiger, vor dem Ersatz zuerst das Haus richtig zu isolieren (●●●●●). Sie werden danach nur noch eine kleine Heizung benötigen. Prüfen Sie auch die Möglichkeit einer Gemeinschaftsheizung mit Ihren Nachbarn. In der Stadt ist die Fernwärme eine ökologisch vertretbare Alternative zur Wärmepumpe, auf dem Land der Holzofen (●●). Eine gute, noch selten genutzte Lösung sind Sonnenkollektoren in Kombination mit grossen Wassertanks – so lässt sich die Sommerwärme direkt zum Heizen im Winter verwenden.

H

Hofläden

Haben in der Corona-Zeit einen gewaltigen Schub erfahren. An sich ist der Direktverkauf ja auch eine gute Sache. Nur liegen Hofläden meist abseits und generieren Mehrverkehr. Das Bauernbrot oder die selbst gepflückten Erdbeeren bekommen eine grausam schlechte Ökobilanz, wenn man ihretwegen extra zwei Tonnen Blech bewegt. Nehmen Sie das Fahrrad!

Seit eine Studie der ETH Zürich 2019 fälschlich verbreitete, mit neuen Wäldern lasse sich der Klimawandel stoppen, spricht alle Welt vom Bäumepflanzen. Die Studien-Autoren sind zwar inzwischen rhetorisch zurückgekrebst, aber der Geist ist aus der Flasche und hat sich im Kopf so manchen Politikers festgesetzt. Sogar jene, die den Klimawandel verharmlosen, wollen plötzlich wie vergiftet Bäumchen setzen.

Was ist dran? Der Grundgedanke ist richtig: Bäume () sind Kohlenstoffspeicher. Der Wald hält riesige Mengen CO_2 zurück, die sonst in die Atmosphäre geraten würden. Doch langfristig sind Wälder klimaneutral – sie entziehen der Luft beim Wachsen gleich viele Treibhausgase, wie sie bei der Zersetzung wieder abgeben. Zwar wird ein neuer Wald zunächst netto CO_2 aufnehmen. Aber der Effekt verpufft nach wenigen Jahrzehnten, und er wäre selbst bei gewaltigen Aufforstungen viel zu klein, um den Klimawandel namhaft zu bremsen.

Im dicht besiedelten Mitteleuropa wird es ohnehin kaum möglich sein, neue Wälder anzupflanzen. Allenfalls könnte man mehr Bäume stehen lassen und so den Kohlenstoffvorrat im Wald erhöhen. Doch auch diese Idee greift zu kurz: Nach wenigen Jahrzehnten würde der Wald sturmanfällig und verwandelte sich von einer Senke in eine CO_2-Quelle. Eine viel nachhaltigere Strategie ist es, möglichst das ganze nachwachsende Holz zu ernten und zum Bauen (●●●●●) zu verwenden. Das hat gleich mehrere Vorteile: Erstens wachsen im Wald so ständig neue Bäume nach und entziehen der Luft weiteres CO_2. Zweitens kann das Holz im Bau einen Teil des aus Klimasicht hochproblematischen Betons ersetzen. Drittens bleibt der Kohlenstoff potenziell sehr lange gespeichert – die ältesten Holzhäuser der Schweiz sind mehr als 700 Jahre alt.

In einem gewissen Umfang haben auch Holzöfen (●●) ihre Berechtigung. Weil sich nie der ganze Baum zum Bauen eignet, wird es immer überschüssiges Holz geben. Damit kann man ruhig heizen, denn würde dieses Holz verrotten, so käme genau gleich viel CO_2 frei wie beim Verbrennen.

Holzöfen

Sind gut fürs Klima, aber schlecht für die Luft. Der Boom der Holzfeuerungen trägt erheblich zur Feinstaubbelastung bei. Schon ein paar wenige schlecht betriebene Holzheizungen reichen, um ein ganzes Dorf in Smog zu hüllen. Mit ein paar Tricks kann man die Verbrennung sauberer machen: nur gut getrocknetes Holz nehmen, den Feuerraum nicht überfüllen, kein Zeitungspapier zum Anzünden verwenden, vor dem Ins-Bett-Gehen die Luftzufuhr nicht kappen. Doch selbst aus dem besten Holzfeuer entweicht noch immer ziemlich viel Feinstaub. Darum sollte man Holzöfen nicht in dicht besiedelten Gebieten betreiben. Ideal sind sie in den Bergen, wo sich die Luft gut durchmischt und Wärmepumpen (Heizen ●●●●●) nicht so effizient laufen. Darauf achten, dass das Holz aus nahegelegenen, nachwachsenden Wäldern kommt. Kein Holz (●●●) verbrennen, das sich zum Bauen eignet. Auf reine Wohlfühlkamine am besten ganz verzichten.

H

Isolieren

Mit Dachisolation, Fassadendämmung und neuen Fenstern lassen sich bis zu siebzig Prozent der Heizenergie einsparen. Bevor Sie handeln: Nehmen Sie sich Zeit, studieren Sie verschiedene Varianten, erstellen Sie ein Gesamtkonzept. Kontaktieren Sie einen qualifizierten Energieberater aus der Region. Den findet man bei ENERGIESCHWEIZ. Holen Sie Alternativmeinungen ein, wenn Sie nicht überzeugt sind. Denn hier geht es wirklich um die Wurst.

 **Kaffee**

Hat den grössten Fussabdruck aller Getränke. Jede Tasse entspricht einer Autofahrt von einem Kilometer. Insgesamt macht Kaffee neun Prozent unserer Ernährungsumweltbelastung aus. Auf die genaue Zubereitungsart kommt es dabei nicht an: Es ist der Anbau, der den grössten Teil der Belastung generiert. So verbrauchen die Kaffeeplantagen etwa viel Dünger und Pestizide. Wer hier Gegensteuer geben will, kommt nicht umhin, weniger Kaffee zu verbrauchen. Legen Sie sich die kleinste BIALETTI-Maschine zu, dann konsumieren Sie automatisch weniger Kaffee pro Tasse. Ein Trick ist auch, den Kaffee nicht zu fein zu mahlen, dann braucht es ein Viertel weniger Pulver für den gleichen Geschmack. Bei einer Kapselmaschine lassen sich zwei kleine Shots aus einer Kapsel ziehen. Wirklich konsequent wäre, auf Tee umzusteigen, der ist weniger umweltschädlich.

K

Kaltstart

Ein einziger Kaltstart mit einem Benzinauto erzeugt gleich viele Luftschadstoffe wie 500 Kilometer Fahrt auf der Autobahn. Dies liegt daran, dass der Katalysator erst funktioniert, wenn er heiss ist. Faustregel: Wenn der Motor zehn Minuten ausgeschaltet war, ist der Katalysator wieder kalt. Bei Hybridantrieben ist das Problem besonders gross, weil sich der Benzinmotor jedes Mal ausschaltet, wenn der Wagen rein elektrisch fährt. Bei Dieselautos ist das Schadstoffproblem viel weniger ausgeprägt – dafür brauchen sie für jeden Kaltstart viel Treibstoff, was schlecht ist für das Klima. Bei allen Antriebstypen vergrössern sich die Probleme mit sinkender Temperatur. Vor allem im Winter sollte man daher gut planen, damit sich die Zahl der Kaltstarts minimiert: lieber eine grössere Fahrt statt viele kleine. Umparkieren vermeiden. Für Kürzestfahrten das Fahrrad nehmen. Und nein, es ist keine gute Lösung, den Motor möglichst selten abzustellen. Denn er verbraucht auch im Leerlauf Treibstoff.

Kinder

Ein Tabuthema. Aber wir müssen es ansprechen, weil es so unheimlich wichtig ist. Während die sogenannte Überbevölkerung bis in die 1980er-Jahre noch als grosses Problem galt, scheint man sich heute damit abgefunden zu haben, dass die Zahl der Menschen wächst und wächst. Wer die simple Tatsache erwähnt, dass das Ausmass der Umweltprobleme proportional zur Bevölkerungszahl zunimmt, gilt schon fast als Provokateur. Als eine schwedisch-kanadische Studie 2017 «ein Kind weniger» als effektivste persönliche Massnahme zur Bekämpfung des Klimawandels bezeichnete, ging ein Aufschrei um die Welt.

Natürlich, es ist eine hochprivate Frage. Wir wollen hier niemandem dreinreden, oder jedenfalls nur ein bisschen. Wir möchten, dass Sie die Umweltfrage wenigstens als *ein* Kriterium zulassen, wenn sich die Frage «noch eins mehr oder nicht?» stellt. Es geht ja nicht nur darum, dass dieses Kind unvermeidlich Ressourcen verbrauchen und Kohlendioxid emittieren wird. Familienzuwachs ist häufig auch ein Grund, in ein grosses Haus zu ziehen oder halt doch ein Auto anzuschaffen, auch wenn man eigentlich nie eines wollte. Das Mindeste, was Sie tun können: Ihre Kinder zu ökologisch verantwortungsvollen Lebewesen erziehen.

Kleider

Ein paar Zahlen: Junge Frauen kaufen fünfmal so viele Kleider wie einst ihre Mütter, geben aber weniger dafür aus. Global erwerben die Menschen heute sechzig Prozent mehr Kleider pro Kopf als vor zwanzig Jahren. Laut Schätzungen dürfte sich der Kleiderkonsum bis 2050 nochmals verdreifachen. Sechzig Prozent aller Kleider landen innerhalb eines Jahres im Müll. Dabei halten Schweizerinnen und Schweizer den Weltrekord in Selbsttäuschung: Wir glauben, wir würden bloss 26 Prozent unserer Kleider nie tragen – in Wahrheit sind es aber 79 Prozent. Für das Klima ist *Fast Fashion* fatal: Fünf Prozent des weltweiten Treibhausgas-Ausstosses kommt von der Kleiderindustrie. Und auch sonst ist die Ökobilanz nicht gut. Kunstfasern brauchen viel Energie, Baumwolle viel Wasser (●●) (der Aralsee ist deswegen vertrocknet) und Spritzmittel (bio ist hier besser).

Wie können wir diesen Irrsinn stoppen? Gewöhnen Sie sich an, bevor Sie ein neues Teil kaufen, zu fragen: Wann ganz konkret werde ich es tragen? Wie viele ähnliche Kleider habe ich schon? Falls Sie zu Frustkäufen neigen, probieren Sie doch, auf etwas Materialärmeres umzusteigen, zum Beispiel auf Pralinen. Flicken Sie alte Kleider oder nähen Sie sie um, etwa zu Taschen. Nutzen Sie Kleiderbörsen, Second-Hand-Shops, Tauschplattformen. Noch besser: Kultivieren Sie die Kleiderleihe. Man muss ja nicht alles besitzen.

Klimaanlage

In vielen Autos ist die Klimaanlage standardmässig auf «Automat» eingestellt. Was viele nicht wissen: Sie läuft dann auch bei kühlen Temperaturen. Ist etwa die Aussenluft 15 Grad warm, so kühlt die Klimaanlage sie auf 5 Grad ab, um sie zu entfeuchten, heizt sie dann wieder auf 20 Grad auf und pustet sie ins Autoinnere. Das braucht viel Energie. Darum schaltet man die Klimaanlage am besten ganz aus – jedenfalls, solange es im Auto nicht wärmer als 25 Grad ist und die Scheiben nicht beschlagen.

Auf Klimaanlagen in Gebäuden sollte man möglichst verzichten, denn sie brauchen viel Energie. Sonnenstoren und frühmorgendliches Lüften halten die Raumtemperatur meist auf erträglichem Niveau. Wenn das nicht reicht, ist allenfalls ein Tisch- oder Deckenventilator eine Option: Er braucht zwanzigmal weniger Strom als eine Klimaanlage. Die besten Modelle findet man bei TOPTEN.

Kochen

Öfter mal kalt essen. Grosse Portionen kochen, die für zwei oder drei Mahlzeiten reichen. Zum Aufwärmen die Mikrowelle benutzen. Fürs Eierkochen nur einen Fingerbreit Wasser nehmen und den Herd beim Erreichen des Siedepunktes ausschalten («Ogi-Methode»). Den Backofen sparsam einsetzen, nicht vorheizen, nicht benötigte Bleche aus dem Ofen nehmen, den Umluftmodus mit einer geringeren Backtemperatur wählen. Egal, ob man von Hand oder per Maschine abwäscht: auf warmes Vorspülen verzichten.

K

Kompensieren

Klar, ein Flug mit Kompensation ist besser als ein Flug ohne Kompensation. Immerhin werden mit dem Geld dann zum Beispiel in Kenia effizientere Kochöfen gekauft, die das Klima entlasten. Trotzdem ist die Möglichkeit zur Kompensation in ihrer Gesamtwirkung zumindest zweifelhaft, wahrscheinlich sogar kontraproduktiv. Denn erstens wollen wir ja bis 2050 klimaneutral sein – wir müssen also beides tun, aufs Fliegen verzichten *und* die besseren Öfen anschaffen, nicht bloss das eine. Zweitens droht ein starker Rückpralleffekt (●●●●). Nach dem Motto: Ich habe mich freigekauft, also kann ich umso hemmungsloser drauflosfliegen. Man kennt das aus anderen Lebensbereichen: Die Einführung von Bussen etwa macht die Leute paradoxerweise oft nachlässiger, denn nun lässt sich das Problem ja mit Geld lösen, das entlastet moralisch. Es ist zumindest auffällig, dass die Leute 2019, als Greta Thunberg auf allen Kanälen lief, zwar massiv mehr kompensierten, aber eben auch mehr flogen als je zuvor.

●●●● **Kreuzfahrten**

Kreuzfahrtschiffe sind Dreckschleudern. Denn sie fahren mit Schweröl. Dank neuer Vorschriften hat sich zwar das Problem der Luftverschmutzung ab 2020 etwas entschärft. Dafür verpesten die Schiffe jetzt das Wasser. Künftig wollen die Reedereien vermehrt mit Flüssiggas fahren – bis das umgesetzt ist, wird es aber noch Jahre dauern. Und es löst das Klimaproblem nicht: Eine siebentägige Kreuzfahrt erzeugt pro Passagier so viel CO_2 wie ein Mittelstreckenflug. Unabhängig vom Treibstoff. Weil seit Corona die Schiffe nicht mehr ganz so vollgestopft werden, ist die Umweltbelastung pro Mitfahrer nochmals gestiegen.

K

Kryptowährungen

Hier hat sich in letzter Zeit einiges getan. Abzuraten ist nach wie vor von BITCOIN, das allein so viel Strom verbraucht wie die ganze Schweiz. Zwar sind die BITCOIN-Schürfer von China in andere Länder gezogen, aber sie verbraten nach wie vor Unmengen von Kohlestrom. Doch es gibt Alternativen, und sie werden immer stärker. TEZOS etwa oder CARDANO setzen auf klimafreundliche Technologien. Auch ETHEREUM ist daran, auf eine ökologischere Variante umzustellen.

Kühlschrank

Der Kühlschrank ist meist viel zu kalt eingestellt. Drehen Sie ihn auf die wärmste oder zweitwärmste Stufe. Ausser Sie haben ein Problem mit Foodwaste (●●●●): Dann lassen Sie ihn besser kalt, so halten die Speisen länger. Regelmässig enteisen, Türe stets nur kurz öffnen. Tiefgefrorenes im Kühlschrank auftauen, das senkt den Energieverbrauch.

Kurzstreckenflüge

Das Bild der Schweiz als Bahnfahrernation ist überholt: Wir sind immer mehr zum Vielfliegervolk geworden. Mit dem Flugzeug haben wir in den letzten Jahren mehr als doppelt so viele Kilometer zurückgelegt wie mit dem Zug. Und wir fliegen doppelt so oft wie Deutsche oder Franzosen. Nur Norweger und Iren haben eine ähnlich schlechte Flugökobilanz wie die Schweizer. Norweger und Iren aber leben, mit Verlaub, ein wenig abseits. Wir hingegen im Zentrum Europas. Die allermeisten europäischen Touristenhotspots lassen sich problemlos per Zug oder Fernbus (●) erreichen. Oft günstig, wenn man rechtzeitig bucht. Und man erspart sich den ganzen Flughafenstress.

Zwar hat Corona dem Flugverkehr vorübergehend einen Einbruch beschert. Schon im Juli 2020 gingen die Kurven aber wieder steil nach oben. Dabei könnte man in viele der aus der Schweiz angeflogenen Ziele gut auch mit der Eisenbahn fahren.

Ein paar ausgewählte Reisezeiten mit dem Zug ab Basel: Paris und Frankfurt 3 Stunden, Mailand und München 4–5 Stunden, Brüssel 6, Berlin und

Amsterdam gut 7 Stunden, London und Rom 8, Wien 9 Stunden, Barcelona 10, Kopenhagen und Budapest 12 Stunden. Es fahren auch direkte Nachtzüge ab der Schweiz, zum Beispiel nach Berlin, Wien, Prag, Budapest, Hamburg, Graz, Zagreb und Amsterdam, bald auch wieder nach Rom und Barcelona. Selbst das Auto ist aus Umweltsicht deutlich besser als das Flugzeug – insbesondere, wenn mehr als eine Person mitfährt.

Langstreckenflüge

Müssen zum absoluten Luxusgut werden. Es ist kein guter Grund, irgendwohin zu reisen, bloss weil es dafür grad Tickets zum Preis einer Pizza Margherita gibt. Wenn da ein fernes Land ist, das Sie anzieht: Fliegen Sie hin! Aber nicht heute. Sondern in zwei, drei, ja vielleicht erst in vier, fünf Jahren. Sparen Sie bis dahin möglichst viele Ferientage an, damit es sich wirklich lohnt. Von einem Kurztrip mit Jetlag und Hotel-Hopping haben weder Sie noch das besuchte Land etwas. Beginnen Sie ruhig jetzt schon zu lesen, sich vorzubereiten, sich zu freuen. Und geniessen Sie es, in der Zwischenzeit auf dem Boden zu bleiben.

L

 Lebensdauer

Das Smartphone (●●) ersetzen wir alle zwei Jahre – nicht, weil es kaputt wäre, sondern weil das neue ein paar Funktionen mehr hat. Oder weil man es uns quasi nachwirft. Elektronische Geräte, Kleider, Schuhe: Kaum etwas wird bis an sein natürliches Lebensende genutzt. Gewöhnen Sie sich an, Ihre Habe zu hegen, zu pflegen und gegebenenfalls zu flicken (●●). Auch Häuser (Bauen ●●●●●) oder Autos werden meist vorschnell ersetzt, gerne mit dem Hinweis, das neue sei dann energieeffizienter. In einer Gesamtbetrachtung geht das nicht immer auf. Der Umstieg lohnt sich meist nur, wenn der technische Fortschritt gross ist, etwa beim Wechsel von fossilem zu elektrischem Antrieb. Kauft man hingegen bloss ein etwas sparsameres Benzinauto, so steigt die Gesamtumweltbelastung. Denn die Herstellung eines Neuwagens erzeugt so viel CO_2 wie drei Langstreckenflüge. Mit dem Minderausstoss des neuen Autos lässt sich dies in seiner Lebenszeit kaum kompensieren. Einzig wer einen Diesel (●●) ohne Partikelfilter hat, sollte einen vorzeitigen Ersatz erwägen – wegen der gesundheitsgefährdenden Abgase.

L

Licht

Setzen Sie LED-Birnen ein: Sie halten länger und verbrauchen nur einen Bruchteil der Energie anderer Lampentypen. Vorsicht vor dem Rückpralleffekt (●●●●●). Für nächtliche Gänge oder auch beim Zähneputzen reicht ein Solarlicht, so schlafen Sie nachher auch leichter ein. Solarlampen kann man auch im Garten verwenden. Wobei – eigentlich braucht es draussen ja keine Dauerlichter. Die Lichtverschmutzung hat in den letzten Jahren extrem zugenommen und bedeutet den Tod von Millionen nachtaktiver Insekten. Verzichten Sie auf Zierlämpchen und setzen Sie draussen nur Lichter ein, die Ihrer Sicherheit dienen. Richten Sie sie nach unten aus, versehen Sie sie mit einem Bewegungsmelder, verdecken Sie möglichst den eigentlichen Leuchtkörper. Übertreiben Sie es auch an Weihnachten (●●●) nicht mit der Beleuchtung draussen.

L

Rein ökologisch betrachtet ist der Mann ein problematisches Wesen. Männer recyceln weniger. Männer in Single-Haushalten verbrauchen ein Viertel mehr Strom als Frauen in identischen Wohnungen. Männer essen viel mehr Fleisch (●●●●●) als Frauen. Männer erzeugen fast doppelt so viele Treibhausgase durch Alkoholkonsum wie Frauen. Gewiss, Frauen kaufen mehr Kleider (●●●●) und Kosmetik, aber das wiegt das männliche Missverhalten nicht auf. In dieses Bild passt, dass an die *Fridays-for-Future*-Demonstrationen vorwiegend Frauen gehen, während Klimaskeptiker meist männlich sind.

Dieses Muster zu durchbrechen ist schwierig, denn hier sind archaische Kräfte am Walten. Jedenfalls haben psychologische Studien gezeigt, dass Männer das Gefühl haben, Umweltschutz sei etwas Unmännliches. Das Benützen einer Recyclingtasche etwa empfinden sie als Zeichen der Schwäche. Besonders stark mit Männlichkeit verbunden ist das Fleischessen: Es ist noch nicht lange her, dass der Vater am Mittagstisch automatisch das grösste Stück Fleisch bekam. Die Idee vom Fleisch als Kraftspender und Machtsymbol hat eine lange

Geschichte, während Gemüse stets weiblich konnotiert war. Selbst bei den Schimpansen teilen die Männer die Beute unter sich auf – Frauen bekommen ein Stück Fleisch höchstens im Austausch gegen Sex.

Uns bleibt hier nur, an die technisch-kompetitive Seite zu appellieren, die ja auch vielen Männern innewohnt: Installieren Sie Gadgets, übernehmen Sie die Kontrolle über den Energiefluss in Ihrem Haus (Messen ●●●●). Seien Sie ehrgeizig, auch im Umweltbereich. Suchen Sie nach dem sparsamsten Kühlschrank, nach dem effizientesten Reiseweg. Lassen Sie nicht zu, dass Ihr Nachbar eine bessere Ökobilanz hat als Sie. Mit einem Wort: Seien Sie ein Mann!

M

Messen

Ein grosses Hindernis für den Umweltschutz: Für viele Leute wirken die Probleme abstrakt. Der Klimawandel zeigt sich vorab in Statistiken, und auch die Auswirkungen des eigenen Tuns sind selten direkt sichtbar. Darum kann es nützlich sein, ein Feedback zu seinem Verhalten zu bekommen. Ein Beispiel sind sogenannte Smart Meters zur Messung des Stromverbrauchs. Dank der zugehörigen App sieht man direkt auf dem Handy, wie der Verbrauch sinkt, wenn man den Radiator runterdreht. Eine Studie hat gezeigt, dass zum Beispiel der Energieverbrauch beim Duschen dauerhaft um 22 Prozent zurückgeht, wenn einem eine Anzeige am Duschkopf den aktuellen Warmwasserkonsum unmittelbar vor Augen führt. Um vom Auto wegzukommen, kann es helfen, sich ein Fahrtenbuch zuzulegen, in das man jede Fahrt samt Kosten notiert.

Ein einfacher und sehr hilfreicher Schritt ist es auch, mit dem Footprintrechner des WWF die Klimawirkung des eigenen Lebensstils zu bestimmen. Dauert nur eine Viertelstunde. Nicht schummeln, sonst kann man es gleich bleiben lassen. Sie werden vielleicht überrascht sein, wie schlecht Sie abschneiden, gerade wenn Sie das Gefühl haben, eigentlich ein umweltbewusster Mensch zu sein. Immerhin versetzt einem die Selbstanalyse womöglich den entscheidenden Schubs, endlich etwas zu verändern. Der Footprintrechner zeigt auch gleich an, in welchen Bereichen man das grösste Verbesserungspotenzial hat.

M

Mikroplastik

Gehört zu den wenigen Umweltproblemen, die vermutlich überschätzt werden. Nach heutigem Wissensstand ist Mikroplastik in den gegenwärtigen Konzentrationen im Salz- wie im Süsswasser nicht gefährlich für die Tiere. Kommt dazu, dass bei uns die Kläranlagen einen grossen Teil des Mikroplastiks aus dem Wasser fischen. Das Bemühen, Mikroplastik aus unseren Produkten zu verbannen, ist schon richtig. Aber Alarmismus ist nicht angebracht.

●●●● **Milchprodukte**

Sind fast so schlimm wie Fleisch. Aber nicht ganz. Bei Fleisch (●●●●●) und Fisch (●●●) beträgt der jährliche CO_2-Ausstoss etwa 550 Kilo pro Kopf, bei Milchprodukten und Eiern etwa 400 Kilo. Gerade die sehr beliebten Hart- und Halbhartkäse verursachen sogar mehr CO_2 pro Gramm als die klimafreundlichsten Fleischsorten (Schwein und Huhn). Doch essen wir vom Käse meist kleinere Portionen, weil er eine hohe Energiedichte hat.

Rechnet man pro Kalorie statt pro Gramm, hat Käse eine ähnliche Klimabilanz wie Hühnerfleisch. Selbst die Butter, angeblich das klimaschädlichste aller Lebensmittel, schneidet in dieser Sicht nicht mehr ganz so schlecht ab. Trotzdem betrachtet man Hartkäse und Butter besser als Luxusprodukte, ähnlich wie Fleisch. Mit Milch, Joghurt und Frischkäse darf man grosszügiger umgehen. Noch besser sind Milchersatzprodukte, wenn auch die Unterschiede in der Ökobilanz nicht gewaltig sind. Mandelmilch aus Kalifornien wegen des grossen Verbrauchs an kritischem Wasser (●●) meiden.

M

Mineralwasser

Wer sich unterwegs eine Flasche kauft, muss kein schlechtes Gewissen haben. Zu einem relevanten Umweltfaktor wird Mineralwasser erst dadurch, dass wir zu Hause und im Büro unglaubliche Mengen davon in uns hineinschütten, nämlich etwa 110 Liter pro Kopf und Jahr, oft in PET verpackt und mit dem Auto transportiert. Die gute Nachricht ist, dass es sich um ein Problem handelt, das sich ultraleicht aus der Welt schaffen lässt: Trinken Sie Hahnenwasser! Es belastet die Umwelt etwa 500-mal weniger als Mineralwasser. Nein, Hahnenwasser ist nicht ungesund, verseucht oder sonst wie bedenklich. Es ist exakt genau gleich gut wie Mineralwasser. Und man spart erst noch Geld damit.

M

Motor

Hier herrschte lange Zeit eine gewisse Unklarheit. Gewiss, Elektroautos stossen im Betrieb kein CO_2 aus. Aber bei der Batterie- und Stromherstellung entstehen sehr wohl Treibhausgase. Wie sieht ihre Gesamtbilanz aus? Die neusten Studien zeigen nun eindeutig, dass Elektroautos tatsächlich viel klimafreundlicher sind als gleich grosse Benziner oder Diesel. Dies gilt insbesondere in der Schweiz mit ihrem ziemlich sauberen Strom (●●), aber auch im restlichen Europa.

Dies ist aber kein Freipass für Elektroautos. Zum einen ist der Treibhausgas-Ausstoss immer noch substanziell. Zum andern verbrauchen Elektroautos viel Material, teilweise heikle Rohstoffe. Auch das Recycling der Batterien ist noch nicht gelöst. Laut Bundesamt für Umwelt sind sie daher in der Gesamtumweltbelastung nicht viel besser als Benziner und Diesel. Darum gilt auch für Elektroautos die Devise: Kaufen Sie kleine Modelle (Autogrösse ●●●●) mit einer kleinen Batterie. Ziehen Sie die Autoumweltliste des vcs zu Rate. Einen Tesla mit 600 Kilometern Reichweite zu kaufen ist kein Akt des Umweltschutzes.

Bei den sogenannten Hybrid-Antrieben handelt es sich bestenfalls um Übergangstechnologien. Setzen Sie lieber gleich auf ein reines Elektrofahrzeug. Gerade die sehr beliebten Plug-in-Hybride tragen ihr grünes Mäntelchen zu Unrecht. Denn in der Praxis ist der Benzinverbrauch meist viel höher als auf dem Papier. Falls Sie schon einen Plug-in-Hybrid besitzen: Laden Sie die Batterie bei jeder sich bietenden Gelegenheit, damit Sie möglichst viel rein elektrisch fahren können.

Eine gute Alternative zum Elektromobil ist das Erdgasauto. Es erzeugt weniger Klimagase als der Benziner oder der Diesel, und wenn man es mit Biogas betankt, ist es im Betrieb beinahe klimaneutral. Für Wenigfahrer ist das Gasauto daher erste Wahl – die aufwändige Produktion des Elektroautos lohnt sich für ein paar wenige Kilometer nicht. Keine Sorge, der Gasmotor ist genauso zuverlässig und sicher wie andere Antriebe, auch wenn er nicht sehr verbreitet ist. Darum gibt es auch relativ wenige Tankstellen – informieren Sie sich, ob eine in Ihrer Nähe ist.

M

Naturbad

Bei grosser Hitze und Trockenheit nicht in kleinen Bächen und Tümpeln baden. Dies gilt insbesondere für Hunde. Die Fische sind bei hohen Temperaturen und Niedrigwasser ohnehin schon am Anschlag und vertragen keinen zusätzlichen Stress. Überdies tut die abgewaschene Sonnencrème vielen Kleinlebewesen nicht gut. Auch wer sich mit Insektenspray eingesprüht hat, sollte nicht ins Wasser: Die Mittel sind tödlich für manche Amphibien.

Online-Shopping

In einer idealen Welt wäre Online-Shopping genial: Über ein ausgeklügeltes Verteilnetz würden alle Waren hocheffizient zu den Haushalten gebracht – was viel ökologischer ist, als wenn jeder seine zwei Liter Milch persönlich mit dem SUV abholt. Leider, leider ist die Welt nicht ideal, und darum sieht Online-Shopping in der Praxis oft eher so aus: Fünf Paar Schuhe (●●) bestellt, vier Paar wieder zurückgeschickt. Ist ja gratis. Dass das weder effizient noch nachhaltig ist, dürfte selbst den sogenannten Heavy Shoppern einleuchten. Übrigens: Nicht selten werden Retouren einfach vernichtet, weil es sich nicht lohnt, sie zu prüfen und neu zu verpacken.

Hier ein paar Regeln zum guten Umgang mit Online-Shopping: Rücksendungen minimieren. Besser keine Hosen oder Schuhe online kaufen, die muss man anprobieren. Einkäufe bündeln, und zwar bei möglichst wenig Anbietern. Auf Expresslieferungen und *Same Day Delivery* verzichten, denn dafür fährt der Lastwagen oftmals extra.

O

Online-Videos ●

Zwei Drittel des Internetverkehrs bestehen aus Videos, und dieser Bereich wächst rasend schnell. Trotzdem ist der oft gehörte Slogan «Streaming ist das neue Fliegen» falsch. Zwar entspricht jede Stunde Streamen punkto Energieverbrauch ungefähr einer Autofahrt von einem Kilometer – an einem *Binge-Watching*-Wochenende kann da einiges zusammenkommen. Doch der Strom für die Videos ist zumindest in der Schweiz fast CO_2-frei, während sich Autos und Flugzeuge meist fossil bewegen. Aus Klimasicht sind Online-Videos also viel harmloser als das Fliegen (●●●●●).

Um den Stromverbrauch zu drosseln, ist es dennoch sinnvoll, sich ein paar Tipps zu Herzen zu nehmen: Filme in Full HD statt 4K gucken. Die Funktion «Videos automatisch abspielen» auf Facebook & Co deaktivieren. Zappen Sie nicht zu viel rum, denn sobald Sie ein Video anklicken, wird viel Material in den Puffer geladen, auch wenn Sie nur einen Bruchteil davon konsumieren. Wann immer möglich per WLAN gucken, das braucht weniger Energie als per Handynetz. Und: Je kleiner das Gerät, auf dem man schaut, desto mehr Strom spart man. Smartphone (●●) ist besser als Tablet ist besser als Laptop ist besser als Fernseher. Reduzieren Sie die Bildschirmhelligkeit, das spart viel Strom. Wenn es nur auf den Ton ankommt: Schalten Sie die Kameras bei Videokonferenzen ab. Verzichten Sie bei Youtube auf das Bild – das funktioniert mit einem entsprechenden Plugin. Googeln Sie nach «Youtube Audio» und dem Namen ihres Browsers.

Outdoor

Es gibt kaum mehr einen Winkel des Landes, der nicht von Bewegungsmanikern in Beschlag genommen wird, mit immer ausgefalleneren Sportarten. Corona hat diesen Trend nochmals verstärkt (E-Bike ●). Mancherorts bedrohen die vielen Bergsportler schon die letzten Bestände der empfindlichen Auerhühner. Lassen Sie den Tieren ein wenig Platz! Respektieren Sie Schutzgebiete und Wildruhezonen. Bleiben Sie auf den Wegen – Rehe und Vögel wissen, wo diese verlaufen, und halten Abstand. Wenn Sie plötzlich querfeldein daherkommen, schrecken Sie sie auf. Machen Sie keinen Lärm, nehmen Sie den Hund an die Leine, insbesondere von April bis Juni.

Gehen Sie nachts nicht im Wald biken oder joggen. Gestört durch die Menschen, haben viele Tiere ihre Aktivitätsphase in die Nacht verlegt – gönnen Sie ihnen wenigstens dann ihre Ruhe. Falls Sie wild zelten: Machen Sie kein Feuer und hinterlassen Sie keine Spuren (Wildklosett ●). Bitte nicht in Naturschutzgebieten campieren. Beim Kitesurfen oder Stehpaddeln die vorgeschriebenen Abstände zu Schutzgebieten einhalten. Nie auf Vögel zusteuern: Sie sind sehr empfindlich und flüchten in Panik, wenn Sie sich nähern. Landen Sie im Frühling nicht mit Booten auf Kiesbänken, da brüten Flussuferläufer und Regenpfeifer.

Palmöl

Üble Sache: Bei uns steckt es in fast jedem verarbeiteten Lebensmittel – in den Tropen verschwindet dafür der Regenwald. Palmöl mit Nachhaltigkeitssiegel ist auch nicht wirklich nachhaltig. Mit der App «CodeCheck» kann man verarbeitete Produkte wie Glace, Kekse, Frischbackwaren, Fertigpizza, Schokolade oder Margarine auf ihren Palmölgehalt prüfen. Vorsicht: Andere tropische Öle sind noch schlimmer, da beispielsweise Kokospalmen beinahe fünfmal so viel Platz pro Liter Ertrag brauchen wie Ölpalmen. Wenn nun Glace-Produzenten unter öffentlichem Druck auf Palmöl verzichten und stattdessen Kokosöl verwenden, ist das ein ökologischer Rückschritt. Einheimische Öle (Raps, Sonnenblume) oder Butter sind zwar ökologisch auch nicht vorbildlich, kosten aber wenigstens keinen Regenwald. Der einzige Ausweg aus dem Dilemma: Kaufen Sie mehr Frischwaren statt Fertigprodukte.

Plastik

In der Öffentlichkeit hat Plastik in den letzten Jahren das Robbenbaby als Umweltthema Nummer eins abgelöst. Wem ginge der Anblick eines Albatros nicht zu Herzen, der an verschlucktem Plastik verreckt ist? Am nächsten Tag reissen wir die Kunststofffolie von den Biorüebli und fühlen uns schuldig. Das Problem ist: Das eine hat mit dem anderen nichts zu tun. Natürlich kann auch Ihre Plastikfolie ins Meer gelangen, wenn Sie sie in den Rhein schmeissen – aber das tun Sie ja nicht, oder? 86 Prozent des Plastiks, das via Flüsse in die Ozeane gelangt, stammen aus Asien. Aus Europa kommen gerade mal 0,3 Prozent. Überdies sind für das Ökosystem Meer andere, weniger sichtbare Probleme vermutlich schlimmer als Plastik: Sauerstoffmangel, Wassererwärmung, Versauerung, Überfischung. Wenn Sie wirklich persönlich etwas für die Meere tun wollen, dann hören Sie auf, Fisch (●●●) zu essen.

Rasen

Die klassische Rasenfläche ist etwa so lebendig wie die nähere Umgebung des Südpols. Hand aufs Herz: Finden Sie diese grüne Einöde wirklich attraktiv? Verwandeln Sie einen Teil des Rasens in ein Blütenmeer. Eine Blumenwiese lässt sich ziemlich leicht anlegen und gibt erst noch wenig zu tun – man sollte sie höchstens zweimal jährlich mähen. Lassen Sie sich dabei Zeit: Verschiebt man den ersten Schnitt vom 15. Juni auf den 15. Juli, so verfünffachen sich etwa die Populationen von Heuschrecken und nützlichen Schlupfwespen in der Wiese. Ratschläge zum Anlegen von Blumenwiesen findet man beispielsweise auf den Seiten der Stadt Zürich oder bei MISSION B.

Rauchen

Trägt zum Klimawandel bei. Nicht der Rauch ist dabei das Problem, sondern die Produktion der Zigaretten. Das Trocknen des Tabaks braucht sehr viel Energie, und diese stammt meist aus Holz aus nicht nachhaltig bewirtschafteten Wäldern. Für jemanden, der täglich ein Päckchen raucht, wird alle zwei Wochen ein Baum (●●●) gefällt. Die Klimawirkung eines Durchschnittsrauchers entspricht einer täglichen Autofahrt von zwei Kilometern.

Noch mehr als das Klima belastet das Rauchen aber den Boden: Der Tabak, eine sehr anspruchsvolle Pflanze, laugt ihn aus. Die Produzenten, meist Kleinbauern in der Dritten Welt, müssen schon nach einer oder wenigen Saisons auf neue Felder wechseln. Der Landverschleiss ist enorm, oft werden dafür Wälder gerodet. Und dann sind da noch die Zigarettenstummel, die sich die Raucher aus unerfindlichen Gründen auf den Boden zu schmeissen bemüssigt fühlen. Zehn Jahre dauert es, bis sie sich zersetzen. Die enthaltenen Giftstoffe verseuchen den Boden, und im Wasser töten sie Fische und Kleinlebewesen. Jedes dritte Abfallteilchen an Schweizer Gewässern ist ein Zigarettenstummel.

R

   **Recycling**

Beim Recyceln sind wir Weltspitze – toll! Weiter so! Das Sortieren und Entsorgen kommt unserem Ordnungssinn entgegen. Es ist erstaunlich, mit welchem Eifer sich manche Leute der Abfalltrennung widmen. Was dabei vergessen geht: Auch bei der Abfallproduktion sind wir Weltspitze. Mit dem Recyceln und der Kehrichtverbrennung haben wir das Abfallproblem auf unserer Seite gelöst – mit dem ungedrosselten Konsum vergrössern wir aber gleichzeitig die Umweltprobleme in den Ländern, die unsere Güter herstellen. Drei Viertel der Umweltbelastung unseres Konsums entstehen im Ausland. Kein anderes Land lebt dermassen auf Kosten anderer Länder wie die Schweiz. Versuchen Sie darum, beim Weniger-Konsumieren genauso ambitioniert zu sein wie bei der Mülltrennung.

R

Reden

Ökologisch handelnde Menschen stecken in einem Dilemma: Sie würden gern über ihr Verhalten reden, denn sonst können sie ja niemanden damit anstecken (Vorbilder ●●●). Doch manche Leute verdrängen Umweltthemen instinktiv und reagieren allergisch, wenn man sie darauf anspricht – niemand wird gern an seine Unzulänglichkeit erinnert. Ein Trick, der hier vielleicht hilft: Hängen Sie Ihre ökologische Überlegenheit nicht an die grosse Glocke. Sprechen Sie die Themen an, aber reden Sie nicht nur von Ihren Erfolgen, sondern vor allem von Ihrer eigenen Unvollkommenheit, von Ihrem Kampf mit dem inneren Schweinehund. So überfordern Sie Ihr Gegenüber nicht und geben ihm die Möglichkeit, an Bord zu kommen.

Diese Art der Kommunikation mag anstrengend sein. Aber es bringt nicht viel, sich vorbildlich zu verhalten und sich dabei schweigend über seine verschwenderischen Mitmenschen zu ärgern. Schliesslich soll das ökologische Verhalten zur neuen sozialen Norm werden – sonst bleibt eine messbare Wirkung aus. Die Norm aber ändert sich nur, wenn man genügend Mitstreiter findet. Am

besten versuchen Sie, schon für Ihre eigene Verhaltensänderung Verbündete zu finden (Ziele setzen ●●●●). Das Beraten und Überzeugen von anderen Menschen wirkt überdies auch wieder motivierend auf Sie selber.

Eine Ausnahme von dieser Regel gibt es bei der Umstellung auf fleischärmere Kost: Reden Sie nicht darüber, kochen Sie einfach vegetarisch. Wenn es gut schmeckt, wird es Ihre Familie gar nicht merken. Wir wenden uns mit diesem Appell altmodischerweise vor allem an die Frauen. Denn noch immer kochen Frauen doppelt so oft wie Männer, und Männer essen fast doppelt so viel Fleisch wie Frauen. Viele Männer (●●) werden sich in ihrer Männlichkeit angegriffen fühlen, wenn frau ihnen sagt, von nun an koche sie vermehrt vegetarisch. Kommt hinzu, dass der Vegetarismus ein Imageproblem hat: Vielen gilt er nicht als Ernährungsform, sondern als Ideologie. Darum ist es besser, fleischloses Essen nicht explizit als «Vegi» zu deklarieren.

Dass das funktionieren kann, hat sich zumindest in Kantinen gezeigt: Wissenschaftler der Zürcher Hochschule für Angewandte Wissenschaften ZHAW konnten den Anteil verkaufter Fleisch-Menüs in zwei Mensen von 60 auf 44 Prozent drücken, indem sie den Anteil fleischloser Gerichte erhöhten, ohne diese als vegetarisch anzupreisen. Die meisten Mensenbesucher bekamen von den Umstellungen gar nichts mit, wie Befragungen ergaben. Es kam sogar vor, dass Befragte angaben, niemals vegan zu essen, obwohl sie soeben ein veganes Menü gewählt hatten.

Regional

Konsumpatriotismus ist Mode, wird aber manchmal überschätzt. Eine konsequente Umstellung auf regionale Nahrungsmittel reduziert den Ernährungsfussabdruck um vier Prozent. Das ist nicht nichts, aber sechsmal weniger als ein Wechsel zu Vegi (Fleisch ●●●●●). Entscheidend ist, keine eingeflogenen Lebensmittel (z. B. Mangos oder Papayas) zu kaufen: Sie sind für das Klima bis zu zehnmal so schädlich wie mit dem Schiff transportierte. Grossverteiler kennzeichnen sie mit dem Vermerk «by air». Mit Ausnahme der Flugwaren spielt der Transport für die Gesamtökobilanz aber eine geringe Rolle, viel wichtiger ist die Anbaumethode. Im Winter erzeugt eine im beheizten Gewächshaus produzierte hiesige Tomate zehnmal so viel Klimagase wie eine Freilufttomate aus Andalusien (Saisonal ●●●). Dafür ist die spanische Tomate wegen der Bewässerung problematisch (Wasser ●●). Die ökologisch korrekte Wintertomate ist daher jene aus der Büchse.

R

Reminder

Heften Sie kleine Zettel an strategisch wichtige Punkte, die Sie im entscheidenden Moment sehen. Beim Lichtschalter: «Licht aus!» Am Kühlschrank: «Resten essen!» An der Waschmaschine: «Ökoprogramm!» Hört sich doof an. Aber es wirkt.

R

Reis

Ein unterschätztes Problem. Reis ist sozusagen das Rindfleisch des Vegetariers. Es hat die schlechteste Klimabilanz aller wichtigen nichttierischen Nahrungsmittel, mit Ausnahme von Maniok. Reis erzeugt mindestens doppelt so viel Klimagas pro Kalorie wie Weizen und andere Getreidesorten. Das ist relevant, denn die Menschheit bezieht ein Fünftel ihrer Kalorien von Reis.

Das Grundproblem ist der nasse Anbau. Das stehende Wasser lässt Bakterien an den Pflanzenwurzeln gedeihen, die Methan produzieren, ein starkes Treibhausgas. Die Pflanzen nehmen das Gas auf und geben es in die Luft ab – sie gleichen damit den Rindern, die Methan rülpsen und so die Klimabilanz von Fleisch (●●●●●) und Milchprodukten (●●●●) vermiesen. Etwa drei Prozent der menschgemachten Erwärmung gehen auf das Konto von Reispflanzen, gut neun Prozent auf das Konto von Kühen.

Veränderte Anbaumethoden könnten das Problem entschärfen, etwa das zeitweise Ablassen des Wassers. Den richtigen Rhythmus zu finden ist allerdings nicht leicht, und viele Produzenten, oft

R

Kleinbauern, mögen nicht einfach so ihre über Jahrhunderte erprobten Praktiken umstellen. Ein Ausweg für Schweizer Reisliebhaber: Auf Tessiner Reis umsteigen. Der wird trocken angebaut und ist somit klimafreundlich.

Rückpralleffekt

Es ist extrem wichtig, ihn zu verstehen, denn er macht so manche gute Bemühung zunichte. Der Rückpralleffekt (oder Rebound-Effekt, von englisch *to rebound* = zurückprallen) erklärt zunächst, warum der Gesamtenergieverbrauch ständig steigt, obwohl doch die einzelnen Geräte immer effizienter werden. Krasses Beispiel: Vor vierzig Jahren verbrauchte eine einzelne Rechenoperation mit dem Computer eine Million Mal mehr Energie als heute. Trotzdem verdoppelt sich der Energieverbrauch der Informatikinfrastruktur etwa alle fünf Jahre. Weil Rechenoperationen so billig, so bequem, so nützlich geworden sind, dass ihre Zahl explodiert ist.

Es handelt sich um eine Rückkopplung: Der Effizienzgewinn ermöglicht Verschwendung, die den Gewinn dann teilweise oder ganz zunichtemacht. Man findet dieses Phänomen überall. So lassen etwa die Leute typischerweise das Licht (●●) länger brennen, wenn sie Sparlampen eingesetzt haben – eine Betriebsstunde ist ja jetzt billiger. Es geht auch indirekt: Mit dem Geld, das ich bei den Lampen spare, kaufe ich mir einen grösseren

Fernseher. Und schon ist der Gewinn für die Umwelt wieder futsch.

Der Rückpralleffekt hat eine starke moralische Komponente: So legen viele Menschen mehr Kilometer zurück, sobald sie ein sparsames oder elektrisches Auto gekauft haben. Offenbar trägt jeder von uns eine Art moralisches Konto in sich, das ihm für jede gute Tat eine Sünde erlaubt. Darum glauben auch viele Leute, sie täten schon genug für die Umwelt, wenn sie Aludeckel sammeln, und müssten sich nicht weiter bemühen. Ins gleiche Kapitel gehört, dass sich Reiche mit schlechtem Gewissen gern einen Tesla kaufen, um ihren verschwenderischen Lebensstil quasi reinzuwaschen.

Was können Sie tun? Seien Sie sich des Effekts bewusst. Bemühen Sie sich um Objektivität: Ist der Energieverbrauch mit der neuen Heizung wirklich zurückgegangen (Messen ●●●●) oder drehe ich nun die Temperatur höher? Setzen Sie sich eine Belohnung aus, wenn Sie die selbst gesteckten Umweltziele erreichen (Ziele setzen ●●●●). So können Sie Ihr inneres Moralkonto auf relativ unschädliche Weise wieder ausgleichen.

R

Saisonal

Bringts. Wer darauf achtet, erwischt garantiert keine Treibhaus- oder Flugware. Insbesondere Männer (●●) haben oft keine Ahnung, was bei uns wann Saison hat. Im Früchte- und Gemüseratgeber des WWF kann man es nachschauen. Einheimisches Gemüse ausserhalb der Saison stammt meist aus beheizten Gewächshäusern, was ihnen eine miserable Energiebilanz gibt. Immerhin: Die Grossverteiler wollen in den nächsten Jahren sukzessive auf die fossile Beheizung von Gewächshäusern verzichten. Es gibt aber auch gut lagerbares hiesiges Gemüse (●●), das man ohne grosse Bedenken das ganze Jahr kaufen kann, beispielsweise Zwiebeln, Lauch, Karotten, Kartoffeln, Randen.

Einheimische Früchte frisch ab Baum, etwa Äpfel, Birnen oder Kirschen, haben eine sehr geringe Umweltwirkung. Mit zunehmendem Abstand zur Saison läppert sich aber die Energie für die Kühlung zusammen, sodass ein einheimischer Lagerapfel im Frühling nicht mehr zwingend die bessere Ökobilanz hat als ein mit dem Schiff aus Neuseeland importierter Frischapfel. Die ökologischste Variante ist ohnehin, im Herbst grössere

Mengen von Äpfeln oder auch Gemüse zu kaufen und auf dem Balkon, im Keller oder in einer sogenannten Erdmiete im Garten zu lagern. Das geht gut bis im März und kostet null Energie, braucht aber ein wenig Fingerspitzengefühl.

Schnäppchen

Ein T-Shirt für 3,50 Franken hier, ein Flug nach Palermo für 24,99 Euro dort. Schnapp, und alle guten Vorsätze sind vergessen. Gewöhnen Sie sich an, vor jedem Kauf kurz innezuhalten. Und versuchen Sie, Mengenrabatte und Aktionen zu ignorieren – Sie führen nicht selten zu Foodwaste (●●●●).

S

Schnittblumen

Das ist kontraintuitiv: Eingeflogene Rosen aus Kenia haben die bessere Ökobilanz als europäische – was daran liegt, dass die europäischen meist aus geheizten Gewächshäusern stammen. Gut fürs Klima sind sie beide nicht. Besser ist es, sich die Blumen beim Bauern in der Nachbarschaft selber zu schneiden. Wer sich auskennt und das nötige Fingerspitzengefühl mitbringt, kann sich auch in der Natur einen Strauss pflücken. Geeignet sind häufige Arten wie Wiesenschaumkraut, Margerite, Schafgarbe, Storchenschnabel, Wiesensalbei oder Bocksbart, ergänzt durch Gräser. Auch ein kleiner Ast von einer Wildkirsche oder einer Hasel macht Freude. Von geschützten Pflanzen die Finger lassen, Schutzgebiete meiden. So oder so: Halten Sie sich zurück, was die Menge betrifft. Drei Rosen sind nicht weniger schön als fünfzehn.

S

Schokolade

Ist ein grosser Posten: Sie macht fast vier Prozent unseres Ernährungsfussabdrucks aus. Anders als vielleicht erwartet spielt der Zucker dabei praktisch keine Rolle. Knapp zwei Drittel der Umweltbelastung gehen auf das Konto des Kakaoanbaus, der Boden und Wasser verschmutzt und zur Rodung von Wäldern führt. Jede sechste Kakaobohne auf dem Weltmarkt stammt von illegalen Plantagen aus Côte d'Ivoire, die auf gerodeten, offiziell geschützten Waldflächen entstanden sind. Schweizer Schoggi ist insbesondere eine Bedrohung für die Biodiversität in Ecuador. Überdies enthalten vor allem Füllungen oft auch Palmöl (●●●). Das letzte Drittel der Schokolade-Umweltbelastung geht auf das Konto der Milch (Milchprodukte ●●●●). Darum ist dunkle Schokolade grüner als helle. Was tun? Es ist wie bei allen Luxusprodukten: zurückhaltend konsumieren und sich über die Herkunft informieren.

S

Schuhe

Ein schwieriges Produkt. Die Herstellung ist aufwändig, und wegen der vielen Gift- und Klebstoffe sind Schuhe nicht kompostierbar und nur schwer rezyklierbar. Besonders unökologisch ist herkömmliches Leder, weil es für den Gerbprozess viele schädliche Chemikalien braucht: Sechzig Prozent der Umweltbelastung gehen darauf zurück. Lederarme Erzeugnisse wie etwa Turnschuhe haben eine bessere Bilanz, obwohl auch Kunststoffe und Baumwolle (Kleider ●●●●) ihre problematischen Seiten haben.

Viele grosse Marken sind daran, nachhaltige Linien aufzubauen. Die Produktion findet aber nach wie vor hauptsächlich in asiatischen Billiglohnländern statt, wo die Bedingungen schwierig zu überprüfen sind. Besser hält man sich an kleine hiesige Anbieter und kauft Qualitätsschuhe aus wirklich nachhaltiger Produktion. Der wichtigste Rat lautet aber ohnehin, wie so oft: Schuhe möglichst lange nutzen (Lebensdauer ●●●●) – wenn's geht reparieren – erst neue kaufen, wenn die alten wirklich durch sind. Denn: Achtzig Prozent aller entsorgten Schuhe wurden kaum getragen.

S

Smartphone

Ist eher Teil der Lösung als Teil des Problems. Jedenfalls, wenn man es *anstelle von* und nicht *zusätzlich zu* anderen, grösseren Geräten verwendet. Der Stromverbrauch für den Betrieb des Telefons ist vernachlässigbar klein. Schon deutlich höher ist der Energieverbrauch für den Datenverkehr (Online-Videos ●). Der wirkliche Pferdefuss des Geräts ist aber die aufwändige Herstellung: Dafür wird viel Kohlestrom und Material verbraucht, giftige Abfälle verschmutzen die Umwelt. Drei Viertel der gesamten Umweltbelastung des Smartphones entsteht durch die Produktion, nur ein Viertel durch die Nutzung. Darum sollte man es nur ersetzen, wenn es irreparabel kaputt ist. Erwägen Sie den Kauf eines Occasions-Telefons.

Wie lässt sich seine Lebensdauer (●●●●) erhöhen? Machen Sie zum Schutz immer eine Hülle drum. Nie ganz aufladen, tagsüber immer wieder ein wenig nachladen, das schont den Akku. Auch wichtig: Sie behalten Ihr Smartphone erwiesenermassen länger, wenn Sie beim Kauf darauf achten, dass es gut in der Hand liegt. Es sollte etwas mehr als doppelt so lang sein wie Ihr Daumen.

S

Strom

Dass unser Strom komplett CO_2-frei sei, ist ein Märchen. Für den in der Schweiz hergestellten Strom stimmt das zwar – aber besonders im Winter importieren wir viel Strom, und der kann auch aus Kohlekraftwerken kommen. Der Anteil fossil erzeugten Stroms an unserem Verbrauch beträgt immerhin einige Prozent. Weil auch die hiesige Energieproduktion aus ökologischer Sicht ihre Tücken hat (radioaktive Abfälle aus AKWs, Restwasserproblematik von Wasserkraftwerken), lohnt es sich, genauer hinzuschauen.

Eine naheliegende Möglichkeit ist, auf Strom mit einem grünen Label zu setzen. Doch Vorsicht, manche Ökostromprodukte sind real ohne Wirkung: Wenn ein Kunde umsteigt, kauft der Anbieter nicht etwa mehr grünen Strom ein, sondern teilt einfach den übrigen Bezügern mehr minderwertigen Strom zu. Der Wechsel geschieht also bloss auf dem Papier – es handelt sich um den gleichen Trick wie bei der Deutschen Bahn (Fernbus ●). Informieren Sie sich darum gut, bevor sie auf Ökostrom umsteigen. Am besten sind Angebote mit dem Label «naturemade»: Zwar verhindern auch

S

sie solche Rechentricks nicht völlig, aber immerhin fliesst ein Teil des Aufpreises direkt in den Ausbau erneuerbarer Energie. Das Geld hat also eine Wirkung.

s

Teilen

Gute Sache. Und funktioniert mit fast allem: Autos, Kleidern, Maschinen, Fertigkeiten. Besonders sinnvoll bei Geräten, die wir selten brauchen – eine typische Bohrmaschine läuft in ihrem Leben angeblich nur zwölf Minuten. Auch das Wohnungsteilen wäre an sich eine gute Idee, doch kommt hier ein starker Rückpralleffekt (●●●●) ins Spiel: Es hat das Übernachten so bequem und billig gemacht, dass die Leute deswegen mehr reisen und konsumieren. Insgesamt hat AIRBNB daher zu einer Steigerung des Energieverbrauchs geführt.

Tierfallen

Glasfronten, Swimmingpools, offene Schächte: Hier kommen unzählige Tiere zu Tode. Legen Sie ein Gitter über Schächte und Tonnen, bieten Sie Ausstiegshilfen aus Pools und Kellerabgängen – etwa ein nicht zu steiles Brett. Entschärfen Sie Glasscheiben mit hellen Vorhängen, gemusterter Folie, dicht platzierten Aufklebern. Auf die Form kommt es nicht an; wählen Sie ein Sujet, das Ihnen gefällt. Vorsicht: Es reicht nicht, ein paar wenige Greifvogel-Silhouetten anzubringen: Vögel empfinden diese nicht als gefährlich, weil sie sich nicht bewegen. Spezialtipp für Müssiggänger: Auch schon eine Vernachlässigung des Fensterputzens hilft den Vögeln.

T

Torf

Torfböden sind der grösste natürliche Kohlenstoffspeicher der Welt. Indem sie totes Pflanzenmaterial konservieren, entziehen sie der Atmosphäre Kohlendioxid. Doch wenn man Torf abbaut oder Moore entwässert, entweichen die Klimagase wieder in die Luft. Fast sechs Prozent der menschlichen CO_2-Emissionen stammen aus dieser Quelle. Darum sollten wir schleunigst damit aufhören, Torf zu verbrauchen. Immerhin sind die wenigen verbliebenen Schweizer Moore seit der Rothenthurm-Initiative einigermassen geschützt. Aber der Torf, den Hobbygärtner immer noch in rauen Mengen verbuddeln, wird nun einfach importiert. Darauf zu verzichten tut nicht weh: Es gibt genügend Ersatzprodukte, die dem Torf zumindest ebenbürtig sind. Auf das Kleingedruckte achten – auch sogenannte Bioerde kann Torf enthalten.

Uber

Angeblich sollen die neuen Fahrdienstleister die Menschen davon abhalten, sich ein eigenes Auto zu kaufen. In Wahrheit passiert etwas ganz anderes: UBER & Co halten die Menschen davon ab, ihre Füsse und Velos zu benutzen. So haben die Billigtaxis in New York zu einer Verschlimmerung von Staus und Luftverschmutzung geführt. Bleiben Sie darum besser beim öv oder bei der motorlosen Fortbewegung. Und nein, es ist gewiss nicht ökologisch, sich eine 300-Gramm-Pizza mit einem Anderthalbtonnen-Gefährt nach Hause bringen zu lassen.

Unordnung

Seien Sie faul! Wer nicht immerzu das Gefühl hat, etwas unternehmen oder erleben zu müssen, richtet weniger Schaden an. Ein Beispiel dafür sind unsere Gärten (●●●●): Die meisten sind überbetreut. Lassen Sie das Laub im Herbst liegen oder rechen Sie es zu Haufen zusammen, räumen Sie Totholz und Fallobst nicht weg, lassen Sie dürre Stängel stehen. Hier überwintern Kleintiere, ziehen ihren Nachwuchs auf, finden Futter. Was die Menschen als Unordnung empfinden, bedeutet für die Tiere Lebensraum. In einer Bodenmulde sammelt sich immer wieder Wasser? Bitte nicht einebnen! Die Mehlschwalben werden es Ihnen danken: Sie brauchen Lehm, Schlamm oder feuchte Erde für den Nestbau.

Verpackungen

Die epische Diskussion um überflüssige Verpackungen verstellt den Blick aufs Wesentliche. Das Wesentliche ist der Inhalt, nicht die Hülle. Das Problem am Kaffee ist nicht der Becher, das Problem am Smartphone nicht die überdimensionierte Schachtel, das Problem am Einkauf nicht die Plastiktüte von der Kasse. Das Problem ist vielmehr die Umweltbelastung durch die Produktion der Waren. Im Vergleich dazu ist die Verpackung meist vernachlässigbar (Ausnahme: Mineralwasser ●●).

Wer es trotzdem genauer wissen will: Leichte Verpackungen sind meist besser als schwere – darum muss man die Baumwolltasche für viele Dutzend Einkäufe benutzen, bis sie ökologisch mit den dünnen Plastiksäcklein gleichzieht. Wiederverwertbare Materialien sind besser, also lieber Mehrweg- statt Einwegflaschen. Die totale Vermeidung von Verpackungen ist gar nicht unbedingt erstrebenswert, ja oft sogar kontraproduktiv. Denn unverpackte Lebensmittel halten weniger lang, es droht Foodwaste (●●●●). Darum haben etwa nackte Gurken die schlechtere Ökobilanz als Gurken mit Plastikfolie.

Verzicht

Von grüner Seite, vor allem von Firmen, die auf der grünen Welle mitsurfen, ist oft zu hören, die Umstellung auf einen ökologischen Lebensstil bedeute gar keinen Verzicht. Das mag gut tönen, stimmt aber nicht. Der Verzicht ist sogar der Kern der Sache. Klar lässt sich die Bodylotion durch Biokörpermilch ersetzen und der BMW durch einen E-Golf, das bringt auch etwas. Aber die Idee, wir könnten mit dem richtigen Konsum die Welt retten, ist falsch: Viele grüne Produkte, vom Biolachs über die Solarzelle bis zur Holzzahnbürste, sind gar nicht mehr so grün, sobald sie grossmassstäblich produziert werden. Bei allen entscheidenden Punkten geht es letztlich immer um ein Weniger: weniger Autos, weniger Fliegen, weniger Wohnraum, weniger Fleisch, weniger Kleider – mit einem Wort: weniger Konsum. Dass dies auch befreiend wirken, ja vielleicht sogar ein neues Lebensgefühl initiieren kann: geschenkt. Ein Verzicht bleibt es trotzdem.

Vogelfutter

Das Füttern von Vögeln im Winter ist eine sinnvolle Sache. Erstens befriedigt es die Menschen und stärkt ihre Verbundenheit mit der Natur – nicht wenige Umweltschützer-Karrieren haben mit Beobachtungen am Futterbrett begonnen. Zweitens hilft es den Vögeln tatsächlich, wie eine grosse britische Studie gezeigt hat. Da, wo sie gefüttert werden, wachsen nicht nur die Populationen – auch die Artenvielfalt nimmt langfristig zu. Die Gründe liegen in der grossen und weiter zunehmenden Fütterbereitschaft der Briten und in der wachsenden Vielfalt an Futter und Abgabemethoden, die auch selteneren Arten zugutekommt.

Ein paar Dinge sollten Sie beim Füttern aber beachten: Einen Spender verwenden, der es verunmöglicht, dass das Futter nass oder mit Kot verschmutzt wird. Fütterstelle katzensicher gestalten (Haustiere ●●). Niemals Brot, Speisereste oder Salziges füttern. Und: Die beste Hilfe für die Vögel ist immer noch ein naturnaher Garten (●●●●).

Vorbilder

Es fehlt in unserer Gesellschaft an grünen Vorbildern. Gewiss, Ökopedanten und Sauberfrauen können nerven. Viel schlimmer aber sind jene gar nicht so seltenen Zeitgenossen, die Wasser predigen und Kerosin trinken. Zu grossen Klimakonferenzen fliegen gern mal 20 000 Leute ein, Umweltjournalisten jetten nach Grönland, um den Gletschern beim Schmelzen zuzuschauen, und auch Vogelschützer befliegen gern die hintersten Winkel der Welt, um die letzten Exemplare einer aussterbenden Gattung aufzuscheuchen. Bemerkt denn niemand diesen Widerspruch? Immerhin, Greta Thunberg bewegt sich ökologisch korrekt. Aber schon eine ihrer Schweizer Mitstreiterinnen, 17-jährig, gibt als ihr Hobby «Reisen» an, gerne auch nach Übersee, und das keineswegs mit dem Tretboot. Wie geht das mit der Forderung nach null Treibhausgas bis 2030 zusammen? Ein deutscher Vorkämpfer für das Klima bezeichnet sich, nach seinem eigenen Lebensstil gefragt, als «aufgeklärten Verschmutzer». Der entstehende Eindruck ist fatal. Denn die Leute denken sich: Wenn nicht mal die sich daran halten, warum sollte dann ich?

   **Waschen**

Da lässt sich viel rausholen. Für normal verschmutzte Wäsche genügen 30 Grad – das braucht nur halb so viel Strom wie 60 Grad. Es reicht auch gegen Coronaviren; allenfalls Lappen und Handtücher mit höherer Temperatur waschen. Konsequent das Energiesparprogramm verwenden und hohe Schleuderzahlen vermeiden. Auf den Trockner verzichten: Dieser Energiefresser verbraucht doppelt so viel Strom wie die Waschmaschine. Selbst bei Minustemperaturen kann man die Wäsche draussen aufhängen, es braucht nur Geduld. Vorsicht, die Kleider können brechen, wenn sie steif gefroren sind. Sobald sie wirklich trocken sind, werden sie wieder weich.

Wie so oft gilt auch bei diesem Thema: Am meisten bringt der Verzicht (●●●●●). Unsere Gesellschaft hat einen Sauberkeitsfimmel entwickelt, der jedes Gerüchlein sanktioniert, jedes Düftlein mit Hygienemangel gleichsetzt (Duschen ●●●●). Darum hat sich der Stromverbrauch für die Wäsche in den letzten zwanzig Jahren verdoppelt. Objektiv gesehen gibt es keinen Grund, seine Kleider ständig zu waschen. Gewöhnen Sie sich an, nicht

W

jedes getragene Kleidungsstück unbesehen und unberochen in den Wäschekorb zu schmeissen. Oft genügt auch einfaches Auslüften.

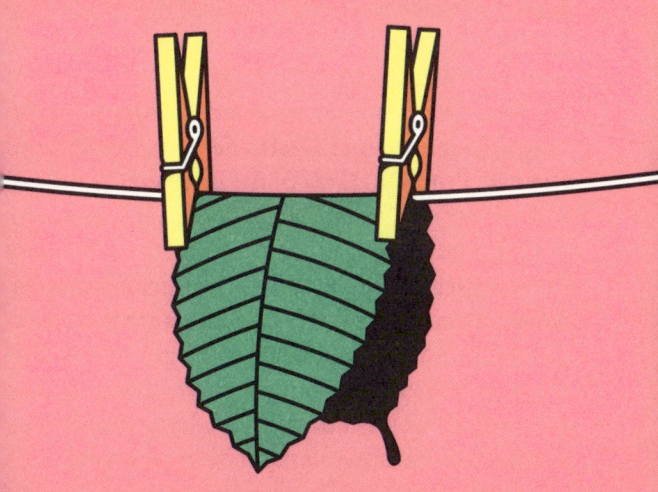

W

Wasser

Hier gibt es viele Missverständnisse. Zunächst einmal: Wasser geht nie verloren, denn es befindet sich in einem endlosen Kreislauf. Darum ist es unlogisch, zu sagen, für ein Kilo Rindfleisch würden 15 000 Liter Wasser «verbraucht», wie es oft heisst. Denn dieses Wasser besteht im Wesentlichen aus dem Regen, den es braucht, damit das Gras wächst, das die Kuh frisst. Der Regen fällt aber auch dann, wenn die Weide kuhfrei ist.

Von einem Wasserverbrauch zu sprechen ist nur hilfreich, wenn künstliche Bewässerung im Spiel ist. Problematisch ist die intensive Gemüse- und Obstproduktion in sehr trockenen Gebieten, etwa in Andalusien, wo es angeblich eine Million illegaler Brunnen gibt, um die riesigen Plantagen zu bewässern, damit wir jahrein, jahraus frische Tomaten und Erdbeeren haben (Regional ●●). Ein Wasserproblem gibt es etwa auch wegen der Modefrucht Avocado in Südamerika oder mancherorts wegen dem Baumwollanbau (Kleider ●●●●).

Auch in Deutschland ist die Trockenheit teilweise dramatisch. In der Schweiz hingegen gibt es derzeit keine Wasserknappheit. Mit fortschrei-

tendem Klimawandel dürfte sich das aber ändern. Die Sommer werden immer heisser und trockener, die Bauern müssen mehr bewässern, gleichzeitig wird es weniger Schmelzwasser von Gletschern und Schnee geben. Das kann zu Engpässen führen, punktuell schon heute. In solchen Situationen ist es sicher sinnvoll, den Pool nicht zu füllen, mit Regenwasser zu giessen und aufs Rasensprengen zu verzichten.

Doch wer auch in normalen Zeiten alles daran setzt, möglichst viel Wasser zu sparen, setzt seine Prioritäten falsch. Gewiss, Wasser muss aufbereitet, gepumpt, nach Gebrauch gereinigt werden – das braucht Energie und Ressourcen. Aber auf den Liter umgerechnet ist es nicht sehr viel. Die Reduktion der Umweltbelastung, die man erreicht, indem man auf der Toilette konsequent die Spartaste drückt, entspricht etwa einer Autofahrt von zweihundert Metern pro Tag. Verglichen mit den 24 Kilometern, die der Durchschnittsschweizer täglich mit dem Auto zurücklegt, ist das ein Klacks. Ausnahme: Beim Warmwasser, das viel Strom verbraucht, lohnt sich das Sparen (Duschen ●●●●).

W

Weihnachten

Die Festgemeinschaft streitet gerne darüber, welcher Weihnachtsbaum denn nun der grünste sei. Eine Schweizer Studie hat dies kürzlich geklärt: Was die gesamte Umweltbelastung betrifft, so schneidet ausgerechnet der importierte Plastikbaum aus China am besten ab. Es darf allerdings bezweifelt werden, dass dieser die acht Jahre Nutzungsdauer, wie in der Studie angenommen, tatsächlich erreicht. Mal abgesehen davon, ob das mit der Besinnlichkeit bei so einem Plastikding wirklich hinhaut. Vielleicht fragt man sich besser, ob es denn wirklich jedes Jahr ein ganzer Baum sein muss. Und ob es nicht, vielleicht jedes zweite Jahr, auch ein paar schön geschmückte Tannenzweige tun. Wer unbedingt einen echten, ganzen Baum will, greift am besten zur Miettanne im Topf.

Einerlei, der Tannenbaum gehört ohnehin nicht zu den grössten Umweltsünden an Weihnachten. Oft bestehen die Festtage aus einem nicht enden wollenden Reigen an Dingen, die für den Fussabdruck genauso verheerend sind wie für den Bluthochdruck: Fleisch (●●●●●), Wein (●●●), Schokolade (●●●), Foodwaste (●●●●), aufwändige

W

Geschenke (●●). Einverstanden, einmal im Jahr darf man sich ein wenig Luxus gönnen. Aber schauen Sie doch, dass die Betonung auf «ein wenig» liegt.

Wein

Ist fast so schlimm wie Kaffee (●●●). Die gute Nachricht: Beim Wein gibt es eine Lösung. Sein übergrosser Fussabdruck rührt nämlich daher, dass Reben anfällig für Pilzkrankheiten sind. In Europa werden sechzig Prozent aller Fungizide in Rebbergen ausgebracht – obwohl diese nur fünf Prozent der Anbaufläche ausmachen. Die Ökobilanz von Biowinzern ist nicht besser: Statt synthetische Mittel spritzen sie Kupfer, ein Schwermetall, das sich im Boden anreichert. Die Lösung besteht nun in den sogenannten Piwi-Weinen, die auf neu entwickelten, pilzwiderstandsfähigen Rebsorten beruhen. Sie verbreiten sich immer mehr, und mittlerweile rümpfen auch Kenner nicht mehr präventiv die Nase, wenn man eine Flasche öffnet. Mit einer Umstellung auf Piwi lassen sich die Umweltfolgen des Weinkonsums halbieren. Wem die Artenvielfalt wichtig ist, der achtet zusätzlich auf das Label «Delinat».

Wildklosett

Bekanntes Problem: Man ist in den Bergen unterwegs und sollte plötzlich ganz dringend. Kein WC weit und breit. Wir haben beim Schweizer Alpen-Club SAC nachgefragt – der empfiehlt: Abstand zu Gewässern halten. Exkremente idealerweise etwa 15 Zentimeter tief im Boden vergraben. Wenn das nicht geht, sie wenigstens mit Steinen bedecken. WC-Papier in einem Säcklein mit nach Hause nehmen. Auf keinen Fall Taschen- oder Feuchttücher liegen lassen, denn die verrotten gerade im Gebirge nur sehr langsam.

Wohnfläche

Die Kinder sind ausgezogen, der Partner ist gestorben: Von einem gewissen Alter an leben viele Menschen in einem viel zu grossen Haus. Ziehen Sie in eine kleine Wohnung! Mit der Reduktion der Wohnfläche um ein Drittel sparen Sie etwa 15 Prozent Ihres CO_2-Verbrauchs ein.

W

Zeitungen

Am umweltfreundlichsten ist das Lesen mit einem E-Reader. Zwar verschlingt seine Herstellung viele Ressourcen. Doch wenn man eine Tageszeitung konsequent auf dem Reader liest, kippt die Ökobilanz nach etwa einem Jahr ins Positive. Denn bei der gedruckten Zeitung wachsen die Umweltkosten mit jedem neuen Exemplar: Die Papierherstellung ist sehr energieintensiv. Beim Reader hingegen wird der Fussabdruck pro Ausgabe immer kleiner, je länger man ihn nutzt – er verbraucht sehr wenig Strom. Die Bilanz wird noch besser, wenn man mit dem gleichen Reader auch Bücher (●) liest. Das Problem ist, dass in der Schweiz viele Zeitungen gar kein Abo für den Reader anbieten. Keine Sorge, auch das Lesen auf dem Tablet oder Smartphone ist in Ordnung – insbesondere, wenn Sie das entsprechende Gerät ohnehin schon besitzen. Bei mehreren Lesern pro Exemplar ist auch die Ökobilanz der gedruckten Zeitung akzeptabel.

●●●● **Ziele setzen**

Es ist nicht leicht, sein Leben zu ändern. Wenn Sie wirklich gewillt sind, etwas für die Umwelt zu tun, dann wählen Sie ein Gebiet mit einem grossen Impact-Faktor, also etwa Autofahren (●●●●●), Fleisch essen (●●●●●), Fliegen (●●●●●) oder Heizen (●●●●●). Nehmen Sie das, was Ihnen am wenigsten wehtut. Setzen Sie sich ein Ziel. Und fangen Sie klein an: ein autofreier oder ein fleischfreier Tag pro Woche, ein flugloses Jahr. Je konkreter der Vorsatz ist, desto eher halten Sie ihn ein: «Immer dienstags nehme ich das Fahrrad.» Kaufen Sie einen Helm, bringen Sie das Velo in Schuss. Notieren Sie sich Ihr Ziel, verwenden Sie Reminder (●●), erzählen Sie anderen Leuten davon, das verpflichtet. Noch besser: Schliessen Sie sich mit einem Freund, mit einer Arbeitskollegin zusammen und verfolgen Sie das Ziel gemeinsam. Das wird Sie davon abhalten, im entscheidenden Moment doch wieder zum Autoschlüssel zu greifen. Wenn die Anfangshürde einmal genommen ist, können Sie die Dosis steigern und Ihr Engagement auf andere Felder ausweiten. Im besten Fall animieren Sie Ihre Mitmenschen dazu, es Ihnen gleichzutun.

Z

Quellen (herzlichen Dank!)
— Christian Bach (EMPA), Niels Jungbluth (ESU-services), Daniela Pauli (SCNAT), Jürg Artho (UZH), Friedemann Mattern und Vlad Coroamã (ETHZ)
— ARE, BAFU, BFE, BFS, BLV, Umweltbundesamt
— EPFL, FIBL, Harvard, ivl.se, Uni Basel, Uni Bonn, Uni Kopenhagen, Uni Surrey, ZHAW
— American Chemical Society, Birdlife, Eco-Drive, EnergieSchweiz, Eurostat, fair-fish, FAOSTAT, foodwaste.ch, Greenpeace, IEA, IPCC, IUCN, Meteo-Schweiz, Minergie Schweiz, Movinga, myclimate, nachhaltigleben.ch, netzpolitik.org, ProClim, SAC, SGE, strom.ch, WHO, WWF
— *Annabelle, Beobachter, BioScience, CNN, Das Magazin, digiconomist, DPA, Energy Policy, Fauna Focus, FAZ, Guardian, higgs, IDNES, Journal of Cleaner Production, National Geographic, Nature, New Scientist, NZZ, NZZ am Sonntag, PLOS ONE, Science, Scientific American, Spiegel, Spektrum, SRF, Süddeutsche, Tages-Anzeiger, Tagesspiegel, Tierwelt, Vice, Welt, wissenschaft.de, Zeit, Zofinger Tagblatt*

Detaillierte Quellen können Sie gern beim Autor erfragen: mathias.pluess@bluewin.ch

Literatur
— Gregor Klaus, Nicolas Gattlen: *Natur schaffen. Ein praktischer Ratgeber zur Förderung der Biodiversität in der Schweiz,* HAUPT VERLAG, 2016. Ein Buch voller Tipps und Anregungen zum Schutz der Artenvielfalt – in Haus, Garten, Gemeinde und Schule.
— Petra Pinzler, Günther Wessel: *Vier fürs Klima. Wie unsere Familie versucht, CO_2-neutral zu leben,* DROEMER VERLAG, 2018. Eine Familie will ihren ganz persönlichen Beitrag zum Kampf gegen den Klimawandel leisten – und schafft es, ihren CO_2-Jahresausstoss um immerhin 31 Prozent zu senken. Wir leiden mit, wenn die Familie schweren Herzens auf die Griechenland-Ferien verzichtet und stattdessen in die französischen Alpen fährt. Ein ehrliches Buch, weit weg von den Lifestyle-Fibeln, wie man sie in diesem Genre auch findet. Und es macht Mut, denn die Familie verliert ihre Lebensfreude keineswegs, ganz im Gegenteil.
— Harald Welzer, *Alles könnte anders sein. Eine Gesellschaftsutopie für freie Menschen,* S. FISCHER VERLAG, 2019. Als Autor ist Welzer einzigartig: Er denkt die grossen Konzepte mit, bleibt aber immer auf

dem Boden. Sein Buch entwirft keine grosse Utopie, sondern liefert konkrete Gedankenanstösse, wie sich in einzelnen Bereichen eine nachhaltigere Welt erreichen liesse.

— Peter Berthold: *Unsere Vögel. Warum wir sie brauchen und wie wir sie schützen können*, ULLSTEIN, 2017. Das Buch gibt einen Überblick über den Zustand der Biodiversität und Tipps für den praktischen Naturschutz. Insbesondere schildert Berthold detailliert, wie man beim Anlegen von grossen, artenreichen Biotopen am besten vorgeht.

Index

Balkon ●
Bestatten ●
Bioplastik ●
Bücher ●
E-Bike ●
Fernbus ●
Grillieren ●
Hofläden ●
Kompensieren ●
Kryptowährungen ●
Kühlschrank ●
Mikroplastik ●
Naturbad ●
Online-Videos ●
Plastik ●
Schnittblumen ●
Tierfallen ●
Uber ●
Verpackungen ●
Vogelfutter ●
Wildklosett ●
Zeitungen ●

- Begrünen ●●
- Bier ●●
- Bio ●●
- Diesel ●●
- Fahrverhalten ●●
- Fastfood ●●
- Gemüse ●●
- Geschäftsreisen ●●
- Geschenke ●●
- Haustiere ●●
- Holzöfen ●●
- Kaltstart ●●
- Kochen ●●
- Licht ●●
- Männer ●●
- Mineralwasser ●●
- Online-Shopping ●●
- Rauchen ●●
- Regional ●●
- Reminder ●●
- Schuhe ●●
- Smartphone ●●
- Strom ●●
- Wasser ●●

- Bäume ●●●
- Drogen ●●●
- Fisch ●●●
- Flicken ●●●
- Geldanlagen ●●●
- Geräte ●●●
- Gift ●●●
- Holz ●●●
- Kaffee ●●●
- Klimaanlage ●●●
- Outdoor ●●●
- Palmöl ●●●
- Rasen ●●●
- Recycling ●●●
- Reden ●●●
- Saisonal ●●●
- Schokolade ●●●
- Teilen ●●●
- Torf ●●●
- Unordnung ●●●
- Vorbilder ●●●
- Waschen ●●●
- Weihnachten ●●●
- Wein ●●●

Autogrösse ●●●●
Duschen ●●●●
Einkommen ●●●●
Foodwaste ●●●●
Gärten ●●●●
Gastronomie ●●●●
Kleider ●●●●
Kreuzfahrten ●●●●
Kurzstreckenflüge ●●●●
Lebensdauer ●●●●
Messen ●●●●
Milchprodukte ●●●●
Motor ●●●●
Reis ●●●●
Schnäppchen ●●●●
Ziele setzen ●●●●

Autofahren ●●●●●
Bauen ●●●●●
Fleisch ●●●●●
Fliegen ●●●●●
Heizen ●●●●●
Isolieren ●●●●●
Kinder ●●●●●
Langstreckenflüge ●●●●●
Rückpralleffekt ●●●●●
Verzicht ●●●●●
Wohnfläche ●●●●●

Hans-Martin Bürki-Spycher

365 Erfinder

Gebunden, 448 Seiten, mit Illustrationen von Markus Roost und Roland Hausheer.

Was wäre unser Alltag ohne Goretex, Auto oder Kondome? Hinter jedem Ding steckt eine kleine Geschichte. Auf die Idee der Zuckerwatte kam ausgerechnet ein Zahnarzt. Den Würfelzucker verdanken wir einem blutigen Daumen, die Magenspiegelung einem Schwertschlucker. Die Konserve erfand François Nicolas Appert, den Dosenöffner dazu lieferte Robert Yeates 48 Jahre später. 365 Zeitreisen mit Hans-Martin Bürki-Spycher mit 365 wahren Geschichten.

Bürkis Feuilletons sind lustig und lehrreich.
HOCHPARTERRE.

Dieses Buch basiert auf einer Ausgabe von
DAS MAGAZIN: *75 Ideen, wie Sie den Klimawandel stoppen können,* erschienen am 30. März 2019.

Mathias Plüss ist Wissenschaftsjournalist und lebt in Vordemwald AG. Er schreibt vor allem für DAS MAGAZIN. (www.mathiaspluess.ch)

3. Auflage, 10. Dezember 2021
© 2020 Echtzeit Verlag GmbH, Basel
Alle Rechte vorbehalten

ISBN 978-3-906807-20-1

Autor: Mathias Plüss
Gestaltung: Müller+Hess, Basel
Illustrationen: Till Lauer
Lektorat: Markus Schneider
Korrektorat: Birgit Althaler
Druck: CPI – Ebner & Spiegel, Ulm

www.echtzeit.ch